The Power
of the Heart

現実は
脳ではなく
ハートでつくる

加藤シャンティ徳子
Shanthi Noriko Kato

フォレスト出版

これが私の秘密だ。とても簡単だ。
それはハートでしか見られない。
大切なものは目には見えないからだ。

アントワーヌ・ド・サンテグジュペリ

ブラフマンの城、
すなわち、身体の中にはハートがあり、
ハートの中には小さな白い蓮華の家がある。
ブラフマンとは人間の外にあるこの宇宙であり、
その宇宙はハートの白い蓮華の中の空間でもある。
そしてその空間は外の宇宙と同じく広大である。
その中には天と地があり、
火と風があり、太陽と月があり、
稲妻や星々がある。
この世において人が所有するもの、所有しないもの、
そのすべてがそこに存在している。

「チャーンドギア・ウパニシャッド」より

はじめに

今よりもっと喜びに満ちた
素晴らしい人生があるのではないか？
という思いを持ち日々奮闘しているあなたへ。
その思いが正しかったと感じられる日が
必ずやってきます。

はじめまして。
たくさんある本の中からこの本を手に取ってくださりありがとうございます。
この広い世界の中であなたとご縁をいただけたことを本当に嬉しく思っています。

あなたは今、本当に幸せですか？
あなたが本当に望む人生をおくっていますか？
あなたらしさを発揮して毎日を楽しんでいますか？

こころが満たされていると感じていますか？
日々豊かさを感じていますか？
この世界の素晴らしさを感じられていますか？

もしあなたがこの質問すべてに自信を持って「はい」と即答できないようであれば、この本はあなたのお役に立てると思います。

この本では、私が幼少の頃から探し続けて見つけた、あなたが**「あなたらしさを発揮して、この世界の素晴らしさを感じながら、喜びと豊かさあふれる、あなたが本当に望んでいる幸せな人生をおくるための秘密」**をお伝えしていきたいと思います。

あなたはきっと「今よりももっと喜びに満ちた素晴らしい人生があるのではないか？」「もっと喜びや豊かさを感じられる人生をおくりたい」「自分が本当に望んでいる人生を生きたい」という思いからこの本を手に取ってくださったことと思います。

その思いはあなたの「ハート」からの思いです。

この本をお読みいただき、書いてあることを試してみていただければ、その思いが正しかったと感じられる日が必ずやってきます。

「ハート」の思いはいつも私たちを本当の幸せへと導いてくれるし、「ハート」の願いは必ず実現するようになっています。

世界のあらゆる精神的・文化的伝統の中で、「ハート」には無限の力があり、「ハート」こそがすべての源であると伝えられてきました。

「ハート」には私たちが本当に望んでいる幸福感あふれる人生を生きるための力がすべて備わっています。その力はあなたの内にある最も大きな力です。その力を発揮すれば、あなたの「ハート」が本当に望んでいる、素晴らしい人生を生きることができます。「ハート」が私たちが本当に望んでいる人生をつくり出し、体験させてくれるのです。

すべては「ハート」の思いから始まり、すべてのものが「ハート」から創り出されています。「ハート」の力こそがすべてを生み出す究極の力なのです。

私たちが本当に幸せだと感じることが難しいのはなぜ？

私たちが本当に幸せだと感じることが難しいのはなぜでしょうか？ どうして心から幸せだと

言える人と、そうでない人がいるのでしょうか？私たちが本当に幸せだと感じるには、一体どうしたらいいのでしょうか？

そのカギは「ハート」にあります。

私たちの「ハート」には私たちが幸せになるために必要な大きな力が備わっています。そして私たちの「ハート」は常に私たちが本当に求めている幸せな人生へと私たちを導いてくれています。

「ハートの力」を目覚めさせて、「ハート」の導きに従えば、私たちは自分らしく輝き、本当の願いを実現して、どんどん幸せを感じられるようになっていきます。

ここまでお読みいただきましたが、「そもそもハートって何？抽象的で分からないんだけど……」と感じていらっしゃることと思いますので、簡単にご説明させていただきたいと思います。

「**ハート**」というのは「**本当の自分自身**」のこと。そして「**ハートの力**」とは「**本当の自分自身が持つ力**」を指しています。それは私たちが「**本来の自分らしい在り方をしている時に発揮される、自分自身の内にある力**」。別の表現をすれば「**愛の力**」です。

詳しくは本文の中でじっくりお話しさせていただきますので、今のところは「ふーん、ハートっていうのは本当の自分自身のことね」と思っておいていただければ大丈夫です。

もしあなたが今、自分自身が本当に望んでいる人生をおくれていないと感じていたり、満たされた気持ちをあまり感じられず、本当に幸せだと感じるのが難しいとしたら、まだあなたの「ハート（本当の自分自身）の力」が目覚めておらず、その力を十分に使うことができていなかったり、ハート（本当の自分自身）の導きを無視している可能性が高いと言えます。

ひとたび「ハートの力」が目覚めはじめ、ハートの導きに従うようになると、あなたは今よりもっと深い幸福感や満足感を感じ始め、「本当のあなた」が本当に求めている人生が目の前にあらわれてきます。

これは一部の限られた人にだけ可能なことなのではなく、すべての人にとって可能なことです。あなたが現在どのような境遇にあったとしても、どのような状態だとしても、「ハートの力」を目覚めさせ、「ハートの導き」に従えば、あなたが本当に求めている人生を生きることができるようになります。

なぜハートがカギなのか？

実際に私はこれまでにたくさんの方々がハートの力を目覚めさせ、ハートの導きに従って生き始めたとたん、みるみるうちにその方自身が変容し、その方が本当に望んでいる人生を生き始め、幸福感や満足感を感じるようになっていくのを目の当たりにしてきました。そしてその数は今もどんどん増え続けています。

私はもの心ついた頃から、

人はどうすれば本当に満たされた幸せな人生を送ることができるのか？
この世界のあらゆるいのちとすべてのものが幸せになる方法はあるのか？
この世界や宇宙はどんな仕組みになっていて、どんな法則に従って動いているのか？
私たちが体験する現実はどのように創り出されているのか？

といったことに関心を持ち、40年以上にわたって様々な国の様々な場所で、心理学や宗教学、物理学や医学、様々な文化圏のスピリチュアリティや哲学、伝統医療や自然療法など、様々な分野の様々な視点から探求を続け、研究と実践を重ねてきました。

また、人のお話を聞くことがとても好きだったので、幼少の頃からたくさんの方々のお話に耳を傾け、「幸せな人」と「幸せではない人」、「幸せになっていく人」と「幸せになっていかない人」の違いを観察し続けてきました。

そしてその探求と観察から得られた洞察と智恵を、個人セッションやセミナー、スクール等を通じて、あらゆる年代の、様々な境遇にある方々と分かち合い、ご縁をいただいた方々が**「自分らしさを発揮して、この世界の素晴らしさを感じながら、喜びと豊かさあふれる、自分自身が本当に望んでいる幸せな人生を生きる」**ためのサポートをさせていただいてきました。

社会のシステムも複雑になり、たくさんの情報があふれる現代、人が幸せになるために大切な要素や、役に立つ概念（考え方）やメソッドはたくさんあります。

数千人を超える方々をサポートさせていただく中で、それぞれの方のその時々の必要に応じて、様々な要素を考慮し、必要な概念（考え方）やメソッドを活用してきましたが、それらを活用した効果が最大限に発揮され、驚くほどの変化を遂げて、どんどん本当に望んでいる人生を生きるようになっていく方がいらっしゃる一方、どのような概念（考え方）やメソッドを使っても、ご自分自身にも人生にも、なかなか変化を起こすことができないという方もいらっしゃいました。

その両者の「違い」は一体どこにあるのでしょうか？

その「違い」こそが、私が幼少の頃からずっと観察していた「幸せな人」と「幸せではない人」の違い、「幸せになっていく人」と「幸せになっていかない人」の違いでした。

その違いとは、私たちの多くが幸せになるために必要だと考えている、知的能力や持っている技術、地位、収入、容姿のような条件ではなく、**「ハートの力が目覚めているかどうか」「ハートの導きに従っているかどうか」だったのです。**

ただ、残念なことに、幸せな人生を生きるために「ハート」がいかに大切で、どんなに大きな力を持っているか、「ハートの力」を育てることがいかに重要であるかということに気づいている方は少なく、ほとんどの方が「ハートの導き」よりも外部からの情報や誰かの基準や、移り変わる気分や考えに従い、「ハートの力」を育てることよりも、マインド（思考力や知力）やメンタル（考えや感情などの精神）や身体など、それ以外の力や様々な技術を磨くことに熱心で、「ハートの力」を育てることはおろそかになってしまっています。

そこをおろそかにしているがために、自分自身や現実を変えることが難しく、自分自身や現実を変えたいという満たされない思いを持ちながら様々なメソッドを試したり、次々とセミナーやセッションを受けてさまよい続けていたり、状況が好転したように思えても一時的なもので終わってしまったり、本来その方が体験できるはずの幸福感よりも、目の前にある手軽な快楽で満足してしまったり、恵まれた境遇にあるにもかかわらず、幸福感や満足感を感じられなかったり、長期的に見ると本当の成長や幸せにはつながらない選択をしてしまったり、少し何かが分かり変化しただけで自分はもう今のままでいいんだと思い込んでいたり、自分のような人間は幸せになることはできないのではないかとあきらめかけていたり……というような方々とたくさんお会いしてきました。

みなさんも身に覚えがあるのではないでしょうか？

これだけ多くの方々とお会いしていると、本当に色々な方がいらっしゃいます。夫婦や親子の関係、職場の人間関係、心身の健康、仕事や能力、経済、進路、本当にしたいことが分からない、自分らしさを発揮できない、日々喜びや幸福感を感じられないなど抱えていらっしゃる問題は多岐にわたります。

けれども、私たちの「ハート」は私たち自身を変容させ、私たちが本当に求めている人生へと私たちを導く大きな力を秘めています。

どのような境遇にある方も、どんな問題を抱えている方も、どのような状態の方であっても、ハートの力を目覚めさせ、ハートの導きに従う練習をしていくことで、その方が本当に望んでいる人生を生きられるようになり、深い喜びや幸福感を感じられるようになっていきます。脳トレーニング、筋肉トレーニング、メンタルトレーニングなどの様々なトレーニングと同じように、ハートの力もトレーニングによって育てていくことができるのです。

多くの方々の人生を見つめ、その方々の人生をより素晴らしいものにするために一緒に伴走してきた私が断言できること、それは「どんな境遇にあっても、どんな問題を抱えていても、どんな状態であっても、ハートの力を育てていけば、人は必ずその人自身が本当に求めている、喜びと豊かさあふれる幸せな人生をおくることができる」ということです。

それも、その人自身が想像すらしていなかった、想像をはるかに超えた素晴らしい人生を、です。

かくいう私自身も、長きにわたる経済的な困窮、ＤＶによるけがや障害、うつ、離婚など、様々な精神的、肉体的、経済的な困難を体験してきましたが、探求の過程でハートの力を育てることと、ハートの導きに従うことが大切だと知り、その練習を続けてきたことで、以前は想像することすらできなかったような、喜びと幸福感あふれる幸せな人生を生きています。

あなたもハートの力について知り、ハートの力を目覚めさせて、喜びと幸福感あふれる人生を生きてみたいと思いませんか？

そこにはあなたの想像を超えた素晴らしい人生が待っています。

ハートの力

古来、様々な国の様々な伝統の中で、私たちが本当に幸せな人生をおくるためには「ハート」と「ハートの力」がとても重要であると言われてきました。そして、私の数十年にわたる探求の中で、ご縁をいただいたすべての先生方もそう教えてくださり、ハートについての智恵を授けてくださいました。

また、最近ではアメリカをはじめとした様々な国で「ハート」に秘められた力についての研究が進み、人が幸せになるための「ハート」と「ハートの力」の重要性が少しずつ明らかになってきています。

より深くハートとハートの力について理解して、ハートの力を活用していただけるよう、この古来伝わるハートの智恵と、ハートについての新しい発見についても、この本の中でご紹介していきたいと思います。

あなたには本当になりたい姿、生きたい人生がある

ハートの力を目覚めさせ、ハートの導きに従っていくと私たちはどんなふうに変化していくのでしょうか？

ハートの導きに従っていくと、あなたは「あなたが本当になりたい姿」になっていき、あなたが本当に実現したいことを実現して、本当に体験したいことを体験する、「あなたが本当に生きたい人生」を生きるようになります。

あなた自身が気づいていなくても、あなたにはなりたい姿があり、実現したいこと、体験したいことがあり、生きたい人生があります。けれども、残念なことに多くの方がそれに気がついていなかったり、気がついていても目を背けてしまっています。

あなたが本当になりたい姿とはどんな姿でしょうか？

それは……、**「あなたがなり得る最高の自分」**です。

人より優れている自分、誰かが認めてくれるような自分というような自分ではなく、**あなたの内にある才能や可能性を最善の形で発揮している、あなたらしく輝く自分**です。**ハートの力が目覚め、ハートに従うようになると、あなたの内にある才能や可能性が花開き、あなたはなり得る最高の自分になっていきます。**

そのなり得る最高の自分こそが私たちが本当になりたい姿です。

すべての花の種にはなりたい姿があり、その姿になるための力、美しく開花するための力をその内に宿しているように、**あなたにはあなたがなりたい姿があり、その姿になるための力をあなた自身の内に宿しています。**その力が目覚めると、あなたがなりたい姿、あなたがなり得る最高の自分になっていくのです。

あなたという種がなりたい姿になろうとしない限り、あなたは本当に満たされ、幸福感を感じることはできません。なぜならあなたがなりたい姿、あなたがなり得る最高の自分こそが本当のあなたの姿だということをあなたはよく知っているからです。

もちろん花の種がすぐに花を咲かせなくてもいいように、今あなたがこの人生でなり得る最高の自分である必要はまったくありません。今のあなたがどのような状態でも全く問題はありません。今の時点での精一杯を生きるあなたであればいいのです。ハートの導きに従って、自分という美しい花が花開くように、毎日を大切に生きて、今の自分をいつくしみながら、今この瞬間にできることを自分らしく精一杯していけば、あなたという美しい花が花開く時が自然にやってきます。

そして、そのように生きるあなたは、本当に実現したいことを実現し、本当に体験したいことを体験する、本当に生きたい人生、「あなたが本当に望んでいる、あなたがおくり得る最高の人生」を生きることができるようになります。

そうなった時あなたの存在は、あなた以外の存在にとっての喜びとなり、この世界がより美しく豊かで喜びに満ちた場所に変わっていく力となります。

ハートの力がそれを可能にしてくれるのです。

今あなたがどんな人生をおくりたいのかが明確に分かっていなくても、あなたが今どんなに自分を嫌っていても、あなたが今どんな状態にあったとしても、今までどんなに努力をしても結局変われなかったとしても、全く問題ありません。

今あなたがあなた自身のことをどんなにダメな存在だと思っていたとしても、今までもひどい人生だったからこれからもそうかもしれないと思っていたとしても、自分はまあまあの人生しかおくれないだろうと思っていたとしても、自分が人や世界のために役に立ったり、喜ばれたりすることなんてそんなにないだろうと思っていたとしても、自分はまあまあ成功しているし自分はこんなもんだろうと思っていたとしても、それは真実ではありません。**あなたの内に眠っている、これからあらわれてくる素晴らしいあなた自身が、本当のあなたであり、そのあなたはあなたが想像もできないほど偉大で素晴らしい存在です。そしてそんなあなたがおくることになる人生もあなたの想像をはるかに超えた素晴らしい人生です。**

ハートの力は強大です。**ハートの力を目覚めさせ、ハートの導きに従って生きていくと、本当のあなた自身の姿があらわれてきて、あなたがなり得る最高のあなたになっていきます。**そしてあなたのハートが本当に望んでいる、あなたがおくり得る最高の人生、**「あなたらしさを発揮して、この世界の素晴らしさを感じながら、喜びと豊かさあふれる、あなたが本当に望んでいる幸せな人生」**をおくることになります。

私は長い間、**古来、様々な国の伝統の中で伝えられてきたハートに関する智恵と、叡智に満ちた偉大な先生方や賢人から授かったハートに関する教え、そして数十年にわたる探求の中で見出したハートについての真実からなる、「ハートの秘密」**を一人でも多くの方に分かりやすい形でお届けできたらと願ってきました。

その秘密とは、ハートの力を目覚めさせ、ハートに従って、ハートが本当に望んでいる喜びに満ちた人生を生きるための**ハートについての智恵**です。この本を通してあなたにハートの秘密をお届けできることを本当に嬉しく思っています。

この本ではあなたが実際にハートの力を目覚めさせていくことができるよう、エクササイズを交えながら、ハートについての智恵をお伝えしていきたいと思います。

この本を通じて、私の先生方と私のハートの思いがあなたに届き、あなたがなり得る最高のあなたになり、あなたがおくり得る最高の人生**「あなたらしさを発揮して、この世界の素晴らしさを感じながら、喜びと豊かさあふれる、あなたが本当に望んでいる幸せな人生」**を生きてくださることを心から願っています。

ハートが導いてくれる未来は、私たちが想像することのできないような喜びと幸福感に満ちた素晴らしい未来です。

私たちの内にある、すべてを生み出す究極の力「ハートの力」を解き放ち、

「本当のあなた」の「本当の願い」が実現する、想像を超えた未来へ。

無限の可能性を秘めた素晴らしいあなたと、ハートの目的地へ向かう、

ハートの旅をご一緒できることを楽しみにしています。

7月の満月　Guru Purunimaの日に。

はじめに 003
私たちが本当に幸せだと感じることが難しいのはなぜ？ 005
なぜハートがカギなのか？ 008
ハートの力 013
あなたには本当になりたい姿、生きたい人生がある 014

パート1 あなたの本当の願いを実現する「ハートの秘密」

第1章 あなたを最高の人生へと導く「ハートのすごい力」

あなたの人生も世界の未来もハート次第 033
あなたは、あなたが本当に望んでいる人生を生きることができる 033
そもそもハートって何？ 036
「ハート」とは本当の自分自身 037
「ハート」を感じてみる 038
エクササイズ1 ハートを感じるワーク 039
「ハート」という言葉が指しているもの 042
ハートに宿る22の力 043
ハートの力であなたが本当に望んでいる未来を創り出す 049
なぜハートの力について学び、ハートの力を育てる必要があるのか？ 051
マインド重視でハートが置き去りにされがちな世界 052
ハートの力が育っていなければ幸せにはなれない 054
あらゆる場所で重要視されているハートの力 056

誰もがハートの力で人生をより素晴らしいものに変えることができる 057
すべての人の内には分かち合うべき才能と美しさが眠っている 059
ありのままの自分でいるということとハートの願い 060
ハートの思いに従えば、あなたがなりたい自分になれる 063
ハートのすごさと科学が気づきはじめたハートのすごい力 065
私たちのはじまりはハート（心臓）から 065
脳よりも速く正確な認識力と知覚力を持っている 066
記憶する力を持っている 068
ものごとに対する推理や判断に影響を与える力を持っている 070
脳よりも強く大きな電磁的フィールドを持ち、大きな影響力を持っている 072
自分以外の生きものと共振してシンクロ（同調）する力を持っている 074
心も身体も健康にする癒しの力の他、様々な力を持っている 076
何事もほぼ予想通り、思い通りの快適で安全な国に住むことの大変さ 079
なぜ今「ハートの力」の大切さが注目されているのか？ 085
私たちは、「存在の本質・魂」＋「ハート」＋「感情」＋「マインド（思考）」＋「身体」の5つの要素でできている 091
私たちはすべて同じものからできている
⓪すべての存在に共通する存在の本質 091
宇宙という海から生まれたしずくのような私たち
①魂 093
ハートの役割
②ハート 095
ハートから生まれる感情とマインドが生み出す感情
③感情 2種類 097

マインドには2つの状態（働き方）がある
④マインド（思考）2種類 100
⑤身体 103
「エゴ」という言葉が意味するもの 104
ハートとエゴ 106
古代より語られてきたハートの秘密 111

第2章 「ハートの力」が目覚めると何が起こるのか？

ハートの力が目覚めると何が起こるのか？ 119
ハートはどんなふうに私たちを導いてくれるのか？ 119
魂の目的には2つの種類がある 120
ミッション（使命）や役割に関する魂の目的 123
魂の目的とテーマ 124
魂の目的が同じでも、テーマが違えば全く違った人生になる 127
同じような魂の目的を持つ3人が生きる3つの人生 129
人との比較やまねは、自分らしい形でハートの願いを実現するためにする 132
ハートの願いの種類 135
チャレンジ（課題や学び）に関する魂の目的 136
魂の目的やテーマに気づく人もいれば気づかない人もいる 143
グループや会社などの組織にも魂やハートがある 144
ハートは私たちの本当の願いを叶えたいと一瞬一瞬働きかけてくれている 146
もし私たちのハートの力が眠ったままだとしたら… 149
ハートの思いを無視した時、私たちに何が起こっているのか？ 154
マインドは悪者なのか？ 157
ハートの力が目覚めると私たちはどうなるのか？ 162

あなたが本当に求めていることが分かってくる 162
あなたの中の無限の可能性が花開く 163
私たちは自分で思うほど自分自身のことや、才能を分かっていない 163
自分自身の限界を決めつけ、過小評価している私たち 165
ハートが発揮したい才能は、ハートに従えば必ず最善の形、最善のタイミングで花開く 166
あなたが本当に望むことを体験し、実現し、表現することが人生の目的 167
ハートの力が目覚めてくれれば、恐れや不安や疑いがあっても大丈夫 168
「一時的な喜び」から「永続する喜び」へ「幸せになる」から「どんな時も幸せ」へ 170
すべてがギフト（恩寵）だと感じられるようになる 170
どんな問題も困難もハートの力が解決してくれる 171
ハートの力を目覚めさせ、ハートに従って生きていくとどうなるのか？ 173

パート2 「ハートの導き」に従って、あなたが本当に望んでいる人生を創り出す

ハートの力を目覚めさせるあなたの旅がはじまります 183
ハートの力を目覚めさせるレッスンを始める前に 184
ハートのペースを信頼し、あらゆるいのちのリズムと調和して生きる 184
今この瞬間からすべてが始まるということを常に意識する 185
条件も環境も能力も過去も関係ない 186
過去の自分の延長線上にある自分自身に対するイメージを手放しましょう 187
ハートの力を育てることの大切さを忘れない 188

22の力をバランスよく育てる 190
マインドや感情を鎮める習慣を身につける 192
すべてのものをハートで味わい、ハートで味わえるものだけを選択し、手に入れる 194
ハートの力を目覚めさせて、ハートの願いが実現する未来へ 196

第3章 ハートの「コール」と「インスピレーション」

1つ目のハートの力　ハートのコールとインスピレーション 201
魂の目的を達成し、幸せになるための呼びかけと導き 201
コールという言葉とインスピレーションという言葉の意味 202
ハートのコールとインスピレーションはこんな形でやってくる 205
ナビゲーターとしてのコールとインスピレーション 206
私たちがハートではなくエゴに従ってしまう理由 208
ハートが生み出す無限の未来とエゴが想像する限定された未来 209
ハートはあなたの想像を超えた未来とあなたを体験させてくれる 210
まず自分自身が感じていることや考えていることに気づく 211
今この瞬間の自分自身の思い（感情や思考）や、今この瞬間感じていることに気づく 213
エクササイズ2　今この瞬間の自分自身の思い（感情や思考）や、今この瞬間感じていることに気づく 213
外の世界に注意を向け、自分自身の内に沸き起こる思い（感情や思考）や感覚に気づく 215
エクササイズ3　外の世界に注意を向け、自分自身の内に沸き起こる思い（感情や思考）や感覚に気づく 216

ジャッジせず、ただ、今あなたの内にある思いに気づく 218
マインドだけで分析したり解釈したり決めつけたりしない 220
ハートから生まれる思いや感覚とエゴが生み出す思いや感覚 222
ハートを感じて、今感じている思いや感覚がハートからのものかエゴからのものかを見分ける 225
ハートのコールとインスピレーションを受け取り、ハートに導いてもらう 227
感情とマインドを鎮めハートの声を聞く 229
ハートのコールとインスピレーションの受け取り方 229
エクササイズ4 ハートのコールとインスピレーションを意識的に受け取る 232
ハートのコールとインスピレーションは外の世界からのサインにより沸き起こってくることも 236
外の世界に注意を向け、ハートのコールとインスピレーションに気づく 238
エクササイズ5 外の世界に注意を向けハートのコールとインスピレーションに気づく 238
ふとした瞬間のハートのコールとインスピレーションを受け取る 240
ハートのコールとインスピレーションを受け取ることを邪魔するもの 241
ハートの思いに従うにはエゴの思いやエゴが求めているものに気づくことも大切 245
リセットとリフレッシュをこまめにする 246
ハートに従って行動する。ハートに導かれてハートの目的地へ 248
まずはハートに従って行動してみる 249
ハートの目的地までの道。ハートに従って行動しようとすると起こること 250

ハートに従い始めるだけで素晴らしいことが起こる 250
ハートのコールとインスピレーションを確認しながら進む 252
ハートからの「そっちでＯＫ」サイン 253
一歩目はハートに従うのに、二歩目からはエゴに従ってしまう私たち 255
重たい気分という時こそ、ハートからの「そっちでＯＫ」サインが出ていることもある 257
エゴマインドがつくり出すニセモノのコールやインスピレーションに注意！ 263
「わくわくすることをする」「好きなことをする」「引き寄せる」の落とし穴 264
ハートに従うのが難しい時には 265
ステップを分解してみるとどんな時もハートに従うことができる 267
ハートに従って、ハートの願いを実現するための問いかけ 270
エクササイズ6 ハートに従って、ハートの願いを実現するための問いかけ 270
困難や抵抗やあきらめに対処する 273
問題や困難からギフト（恩寵）を受け取るための問いかけ 278
エクササイズ7 問題や困難からギフト（恩寵）を受け取るための問いかけ 278
アドバイスやサポートを受けることの大切さ 281
アドバイスやサポートをしてもらう方の条件 285
感情に対処する 287
私たちが本当に幸せになる方向へ、ハートが求める方向へと導いてくれる感情 295
専門家の助けを借りることが必要な場合 300
ハートのコールとインスピレーションを受け取るために役立つこと 301
自然や宇宙を感じる時間を持ち、ハートと感情とマインドを調和させる 301

エゴが持つものに気づいて手放し、ハートを開いて謙虚にハートの思いを受け取る 302
神さま、大自然、森羅万象、宇宙など大いなるものにお祈りする 303
あなた自身の才能や、使命や、役割に気づいていますか? 305
自分の使命が分からなくても問題ない 306
自分を生きる「自分道」を極めることが人生の目的 307
自分の才能や役割や使命に気づくために大切なこと 308
使命を果たすというのは何か大きなことをするということではない 309
才能を目覚めさせるために大切なこと 311
その才能を開花させるべく追求するかどうか、どう向き合うべきかはハートに聞く 312
何かの型にはまらない 312
ハートに従って始めたことが違った方向に行ってしまうことも 313
隠れている才能と磨かれていない才能 315
好きなことを「エゴ」に任せてやっているだけでは才能は開花しない 315
何としても、自分のハートが求めていることをする必要がある 318
「わくわく」することや「好きなこと」と才能・使命・役割 320
人に喜ばれて喜んでいるのはハート?それともエゴ? 321
特定のことをすることが、使命や役割を果たしたり、才能を生かすことではない 323
何をするかということよりも、自分自身の「在り方」や「性質」という才能を活かすことがハートの願いである場合も 323
自分自身も喜びを感じながら、自分自身がこの世界の喜びになっていく 325
あなたの才能や使命や役割に気づく 326
エクササイズ8 あなたの才能や使命や役割に気づく 326

あなたはあなたが想像している以上に素晴らしい存在 330
誰しも、そしてあらゆる存在が大きな役割を持っている 333

第4章 ハートの「創造力」で本当のあなたが望む未来を創造する

2つ目のハートの力　イメージやヴィジョンを生み出し、現実を創り出す創造力 337
ハートの創造力で本当のあなたが本当に望む未来を創造する 337
この世界はハートのフローとヴィジョンから始まった 338
どんなものも創り出す大きな力 339
ハートのイメージやヴィジョンがあなたが望んでいる未来を見せてくれる 340
ハートのフローに従って、意識を向けるだけですべてが始まる 341
現実を創り出すステップ 342
イメージやヴィジョンを現実にする方法はハートが教えてくれる 343
ハートから生まれるイメージやヴィジョンが多様性をもたらし世界をより美しくする 344
ハートから生まれるイメージやヴィジョンは本来のあなたの素晴らしさや美しさを表している 345
イメージやヴィジョンを味わう時間が本当に求めている人生を創造する 346
ハートとともにイメージやヴィジョンを描いて未来を創る 348
エクササイズ9　ハートとともにイメージやヴィジョンを描き、描いたイメージやヴィジョンを観て味わって体感する 348

イメージやヴィジョンを観て味わって体感するエクサイズについて 350
エゴがつくり出すイメージやヴィジョン 353
様々な領域やテーマについてのイメージやヴィジョンを描いてみる 354
この世界に存在するすべてのものについてのハートの願いや思いを感じてみる 355
ハートのフローとともにイメージやヴィジョンを描いていけばすべてが実現する 357

エピローグ
ハートで生きてこの世界をより美しく豊かな喜び多き場所に

あなたが本当に幸せになるためのたったひとつの方法とは…… 361
ハートで生きてこの世界をより美しく豊かな喜び多き場所に 362
あとがき 367
謝辞 372
参考文献・引用文献 378

パート1

あなたの本当の願いを実現する「ハートの秘密」

第1章

あなたを最高の人生へと導く「ハートのすごい力」

自分のハートと触れあった人はみな、自分自身の本質とつながっています。
そして自分自身の本質とつながっている人はみな、
すべての生きとし生けるものの本質とつながっています。
その意識、ハートのパワーと一つになった生き方が、新しい現実を創り出します。
自分自身以外の何ものも、私たちを自由にしません。

エックハルト・トール

あなたの人生も世界の未来もハート次第

あなたは、あなたが本当に望んでいる人生を生きることができる

あなたは今、本当に幸せですか？
あなたが本当に望む人生をおくっていますか？

もしそうだと断言できないとしたら……
自分自身に問いかけてみてください。

あなたが本当に幸せだと断言できないのはなぜでしょうか？
あなたが本当に望んでいる人生をおくれていないのはなぜなのでしょうか？

やりたいことをやれていない。お金がない。能力や技術が足りない。健康ではない。体力がない。容姿が美しくない。人間関係が問題だらけ。努力が足りない。ものごとがうまくいかない。ポジティブじゃない。環境が悪い。潜在意識にじゃまされている。運勢が悪い。などなど……様々な理由を思い浮かべていらっしゃることと思います。

そのどれもが本当の理由のように見えますし、こういった様々な問題を解決するための情報はたくさんあるので、あなたも今まで色々なことを勉強し、いろいろな改善方法を試してこられて、変化を感じられたかもしれません。

でも、これらは根本的な原因ではありません。

あなたが本当に幸せだと断言できないのにも、あなたが本当に望んでいる人生をおくれていないのにも、たったひとつの理由があります。

それは……あなたが「ハートの力」をうまく使えていないからです。

あなたの人生を決めるのは「ハートの力」です。

それ以外の要因は二次的なものです。

どんなに様々なことを学んで身につけても、どんな方法を試してみても、どんなに物を手に入れても、どんなに何かを達成しても、ハートの力が目覚めておらず、その力をうまく使うことができていなければ、「本当のあなた」が本当に望んでいる、喜びと幸福感あふれる豊かな人生をおくることはできません。

ハートの力を目覚めさせ、ハートに従って生きることで、あなたが本当に求めているあなたの「本当の願い」がどんどん実現して、「本当のあなた」が「本当に望んでいる」人生が目の前にあらわれてきます。

あなたが今まで試してきた色々な方法ももちろん素晴らしいものではありますが、ハートの力を使えていなければ、本当に幸せになることはできません。

あなたの人生も世界の未来もハート次第です。
ハートの力を味方につければ、
あなたが本当に望んでいる人生を生きることができるのです。

なぜハートの力を使えていないと本当に幸せになることはできないのか？

なぜこんなにハートのことばかりお話ししているのか？

その理由を私たちという存在の仕組みとともにお話ししていきたいと思います。

ハートの秘密を一緒に学んで、あなたが本当に望んでいる喜びと豊かさあふれる人生を生きましょう。

そもそもハートって何？

みなさんは「ハート」という言葉にどんなイメージをお持ちでしょうか？

誰もが知っている「ハート」という言葉ですが、この質問をすると、意外と人それぞれ違った答えが返ってきます。

シンプルに、「ピンク色や赤のハートマーク」とか、「感情」や「こころ」とか、「心臓」と答えてくださる方もいらっしゃれば、「何となく胸のあたりにあるもの」とか、「胸があたたかくなるような気持ちや、優しい気持ちを感じるところ」「心惹かれる時に胸の高まりを感じたり、ときめきを感じたり、キュンとしたりするところ」など抽象的な表現をしてくださる方もいらっしゃいます。

「ハート」とは一体何なのでしょうか？

私たちは日々様々な場面で**「ハート」**という言葉を使っています。例えば「傷ついたハート」とか「ハートがあたたかい人」などという時にはこころや感情を指し、「ハートが痛い」とか「ハートがあたたかくなる」などという時にはこころや感情を指すと同時に胸のあたりを指しています。また、「ハートに聴いてみる」などという時には本心を指し、英語でハートという時には日本語と同じようにこころや感情や本心を指していたり、からだの器官としての「心臓」を指していたりします。

「ハート」とは本当の自分自身

このように**「ハート」**という言葉は様々な使われ方をしていますが、この本の中で使っている**「ハート」**という言葉は主に**「本当の自分自身」**のことを指しています。単なる「自分自身」というのではなく、**「こころの深いところにある、いつも変わることのない本質的な自分自身」「自分を自分たらしめている、自分自身の本質」**です。

それは何にも影響されることのない、「自分自身の中にあるサンクチュアリ（聖域）」です。揺れ動く感情や、限界のある思考というものを超えた「本当の自分自身」のことを指しています。

また、**「自分自身の内にある、私という感覚を感じるところ」**や**「自分自身の真実があるところ」**を指すこともあります。

色々お話しさせていただきましたが、難しく考えず、「ハート」というのは**「本当の自分自身」**なんだなと思っていただければ大丈夫です。

「ハート」を感じてみる

それでは、ハートについてもう少しお話しさせていただく前に、ちょっとここで「自分自身」＝「自分自身のハート」というものを感じてみたいと思います。できれば静かで落ち着ける場所で試してみてくださいね。

それでは始めましょう。

エクササイズ1

ハートを感じるワーク

あなたが「私」と言う時、身体のどのあたりに「私」という感覚を感じますか？あなたが「私」や「私自身」という感覚を感じるところに、手を当ててみてください。そして、手を当てたまま、「私」や「私自身」という感覚を感じてみましょう。

いかがでしたか？たいていの方が胸のあたりに手を当てていらっしゃるのではないかと思います。手の先とか足の先には感じないのではないでしょうか？

その「私」という感覚を感じるところ、その感覚が生まれてくるところ、あなたが手を当てたところ、そこがあなたの「ハート（本当の自分自身）」です。

たくさんの方々とこのワークをご一緒してきましたが、ほとんどの方がだいたい近い場所に手を当てていらっしゃいました。これって不思議なことだと思いませんか？**「私」、つまり「自分自身」という意識を感じる場所というのがちゃんとあるのですね。ここそがいわゆる「魂」の座である「ハート」です。**

私と言う時、どんな文化圏のどんな国でも、ほとんどの方がだいたい同じ場所に手を当てていらっしゃいます。この「私」という感覚は、誰に教えられなくても私たちみんなが感じることができる感覚なのですね。

ただ、少数ですが、時々お腹や頭に手を当てる方もいらっしゃいます。頭に手を当てていらっしゃる方には、「私」というものについて考えている場所を指していらっしゃる方が多く、お腹に手を当てていらっしゃる方には肉体を中心とした「私」という存在を感じる場所を指していらっしゃることが多いように見受けられます。

ここでいう「私という感覚を感じるところ」というのは、自分自身の様々な思いが湧き上がってくる源である「私」というものを感じる場所です。よく「こころの底から感謝の念が湧いてくる」といったような表現をする時の、「こころの底」を感じる場所や、「私自身が」という時に手を当てたくなる場所に私たちは「私」というものを感じていることが多いので、あまり考えすぎずに何回か試してみてください。

そして、このハートを感じる場所を意識するということが、ハートの力を育てていく上ではとても重要です。日常の生活の中で、自分らしさを失ったり、自分が本当に望んでいることが分からなくなったり、思いやりや感謝の念を持てなくなった時には、ハートを感じるだけで、私たちのものの見方や身体の状態も変化していきます。

このハート（本当の自分自身）を感じるということが習慣になってくると、あなたの思いや言動が、あなたのハートから出てくるものになってきて、あらゆる場面であなたはあなたらしくあり、あなたの本当の思いに気づき、あなた自身に対しても、あなた以外の存在に対しても思いやりを持てるようになっていきます。

シンプルでありながら、あなたの様々な力を目覚めさせることのできるとてもパワフルなエクササイズなので、この「ハートを感じる」ということをしっかりと練習していただきたいと思います。

それでは、また「ハート」のお話に戻りたいと思います。先ほどこの本の中で「ハート」というのは主に「本当の自分自身」や「自分自身の本質」を指していて、「自分自身の内にある、私という感覚を感じるところ」や「自分自身の真実があるところ」を指すこともあるというお話をさせていただきました。

これからこの本の中で、それ以外にどのような意味で「ハート」という言葉を使っているのかということと、一般的に使われている「ハート」という言葉の違いについて、もう少しお話しさせていただきたいと思います。

「ハート」という言葉が指しているもの

一般的に「ハート」という言葉が使われる時には、考えや感情を含んだこころや、それらを感じる感覚、胸のあたりや胸のあたりに感じる感覚、本心、からだの器官としての「心臓」など様々な使われ方をしています。

この本の中でもこのような使い方をすることもありますが、ここでいうハートというものには考えや感情は含まれません。また、心臓そのものだけを指すこともありません。

ただし、感情や考えには、ハートの思いやハートの導きがあらわれる場合もあります。そして、心臓の活動や心臓の持つ力には「ハートの働き（ハートの力）」の一部があらわれているので、心臓の活動や心臓の持つ力にあらわれている「ハートの力」については、「ハートの力」としてご紹介していきたいと思います。

ここで、「心臓の活動や心臓の持つ力には『ハートの働き（ハートの力）』の一部があらわれている」ということについて少し補足させていただきたいと思います。

「脳」の働きは「思考」と関わってはいるけれども、「脳」は「思考」そのものではないので、

「脳」＝「思考」ではありません。けれども「思考」の働きの一部は「脳」の活動にあらわれています。それと同じように、「心臓」＝「ハート」ではないのですが、「ハートの力」の一部が「心臓」の活動にあらわれているということです。

少しややこしいご説明になってしまいましたが、これから「ハート」や「ハートの力」についての理解を深めて、「ハートの力」を育てていくにあたって、今の時点で「ハート」や「ハートの力」が何を指しているのかということをきちんと理解して、覚えておく必要は全くありませんのでご安心ください。

むしろ、分からない方が自然ですし、ここまでのご説明だけで分かったつもりになってしまう方が、「ハート」を感じたり、「ハート」の力を育てる妨げになってしまったりすることもありますので、「まあ、何となく分かればいいか」というくらいの気楽な感じで読み進めていただければと思います。

ハートに宿る22の力

これまでのお話で、ハートというものがどんなものなのか少し感じていただけましたでしょうか？

それでは次に**私たちが本当に望んでいる人生を生きるための重要な力である「ハートの力」**についてご紹介させていただきたいと思います。

ひとつひとつの力がどのようなものなのかをきちんと理解できなくてもこんなものかなと感じていただければ大丈夫です。

ハートの力には大きく分けて22の力（働き）があります。そのひとつひとつをここに挙げてみますので、さっと眺めてみてください。

グループ1

①（ハートが求めているものを知らせ、ハートの願いが実現するよう）呼びかけ、導く力
②（ハートが望む未来の）イメージやヴィジョンを生み出し、現実を創り出す創造力
③（脳の知性や直観力とは異なる）ハートの知性と直観力

グループ2

④ハートの言語とコミュニケーション力
⑤受容力（ありのままを受け入れる力）
⑥ハートから表現する力（正直さと誠実さ）

グループ3

⑦思いやりと慈悲の力
⑧いつくしみ育む力
⑨与え、分かち合う力

グループ4

⑩祝福する力
⑪愛で、讃嘆する力
⑫喜びを感じる力

グループ5

⑬愛や祝福や恩寵（ギフト）を感じる力
⑭深く感謝する力
⑮あらゆるものに対する敬意と謙虚さ

グループ6

⑯拡張力（限界を超えて拡がろうとする力）
⑰あらゆる制限を超越する力
⑱信じる力

グループ７

⑲今この瞬間にある力
⑳一体感や一体性を感じる力
㉑大いなる存在や森羅万象とのつながりや、神聖さ、敬虔な気持ち、畏敬の念を感じる力

グループ８

㉒自分自身の本質を感じる力

いかがでしたか？この22の力を眺めてみてどんな印象を持たれたでしょうか？
どんなことが思い浮かびましたか？どんな感想を持たれたでしょうか？
セミナーなどで様々な方に感想をお伺いすると、

・人として大切なことが書かれていると思った。
・生きる活力のようなものを感じる。
・これが身につけば確実に幸せになれると思った。
・徳をあらわしていると感じる。
・愛、という感じがした。
・こんなにたくさんあるんだと思った。

・人の中にある美しさが表に出ている状態だと感じた。
・身につけるよう努力しないといけないと思った。
・いい人、素晴らしい人という感じ。
・成功している人はこういう力があるのでは?と感じた。

などなど……みなさんそれぞれ様々な言葉で感想を分かち合ってくださるのですが、多くの方が同じようなことを感じていらっしゃるようで、分かち合ってくださる表現がとても似ています。

どれもが大切でなくてはならないものであるということは、誰もが感じることだと思います。あなたも何となくそのように感じていらっしゃるのではないでしょうか?中にはすごい力に思えて自分とは縁遠いと感じてしまうものもあるかもしれませんが、このハートの力というものは誰もが無意識に使っている力です。

「ハートの力」とは**「本当の自分自身が持つ力」**のことです。それは**「私たちが本来の自分らしい在り方をしている時に発揮される、自分自身の内にある力」**です。

本来の自分らしい在り方をして、本当の自分自身の持つ力を発揮できるようにするということがハートの力を目覚めさせるということになるわけです。

そして、「ハートの力」を一言であらわすと……それは「愛の力」。

光のスペクトルをイメージしていただくと分かりやすいと思いますが、光がプリズムを通すと波長に応じて様々な色に分かれて見えるように、愛の力（はたらき）の様々なあらわれ方がこの22の力なのです。ハートの22の力は愛のスペクトルなのです。

ただ、ハートの力は絶対に「22」であるというわけではありません。プリズムを通した色に名前を付ける時により細かく分ければより多くの名前で呼ぶことができますね。それと同じようにもっと細かく分けることもできるのですが、それぞれの力（はたらき）を理解して意識的に身につけやすいように、22に分けてご説明しています。

この22の力は私たちのハートの願いを実現して体験するために、私たちがなり得る最高の自分になって、おくり得る最高の人生をおくり、本当の意味で満たされ、幸せな人生を生きるために、欠かすことのできないとても大切な力です。

ハートの力は誰もが使っている力ではあるものの、なかなか意識的にこの力を使うことはないため、使っている力には一人一人偏りがあります。それぞれの力を使うにあたって得意不得意もありますし、ほとんど使われていないようなものもあります。

この22の力はどれも等しく大切で、ひとつだけを使えば幸せになれるというわけではありません。ほとんど使っていない力があることで、なかなか自分自身が本当に望んでいる人生を生きることができず、幸福感を感じることができないという方も多くいらっしゃるため、22の力をバランスよく育てて活用していくことが大切です。

22の力がそれぞれ目覚めて育ってくると、自分自身が本当に望んでいることが分かるようになるので、自分自身が本当に望んでいる人生を生きるようになり、幸福感を感じられる時間がどんどん増えていきます。中でも1つ目のハートの力である、「ハートが求めているものを知らせ、それが実現するように私たちに呼びかけ、導く力」を活用して、ハートの思いに従って生きることで、バランスの取れた形でハートの力を育てていくことができます。

ハートの力であなたが本当に望んでいる未来を創り出す

この本では、私たちが本当に望んでいる人生を生きる上での、最も基本となる1つ目のハートの「呼びかけ、導く力」に加えて、2つ目のハートの力である、「イメージやヴィジョンを生み出し、現実を創り出す創造力」を使って、ハートの願いを実現するために導いてくれるハートの呼びかけに気づき、ハートから生まれる思いや願いのイメージやヴィジョンを通じて未来を創り出すという、2つの基本的なハートの力の育み方に焦点を当ててお話しさせていただき、あなたが本当に望んでいる人生を創り出すためのハートの力のトレーニングをしていただきたいと思っています。

それ以外のハートの力については、今回は紙面の都合上お話しさせていただくことができませんが、ご自分の好きなものや、または全く使っていないと感じるものを、ご自分のハートの思いに従って使うように心がけてみていただけたらと思います。

あなたはどの力をよく使っていらっしゃいますか?どの力もあなたが本当の幸福感を感じるためにとても大切な力です。どの力を使えていて、どの力を使えていないか、どの力を使うことが好きで、どの力を使うことが苦手かをチェックしてみてください。もしあまり使えていない力があったら、その力を目覚めさせ、活用していくことで、あなたの人生や幸福感は大きく変化していきます。今回はすべてのハートの力についての詳細やエクササイズをご紹介させていただくことはできないのですが、それぞれの力を意識して、その力を使って育んでいこうとするだけでも、その力が目覚めはじめるので、ぜひそのように心がけて日々をすごしてみてください。

なぜハートの力について学び、ハートの力を育てる必要があるのか？

ハートの22の力を眺めていただき、ハートの力について何となくお分かりいただけたのではないかと思いますが、ここであらためて、「なぜ、ハートの力について学び、ハートの力を育てる必要があるのか」ということについてお話しさせていただきたいと思います。

ハートの力はそれぞれ、私たちが幸せになるためにとても大切な力ばかりなので、ハートの力を育てるためのトレーニングをすることが大切であるということは感じていただけているのではないかと思います。けれども、それほど大切なことであるにもかかわらず、ハートの力のトレーニングというお話はあまり耳にしたことがないのではないでしょうか？

それは一体なぜなのでしょうか？

それはこの社会が重視していることや、私たちが受けてきた教育、環境によるものが大きいと思います。

常日頃、脳トレーニング、メンタルトレーニング、筋肉トレーニングなどのトレーニングというのはよく耳にしますし、本屋さんに行ってもそういったトレーニング本をたくさん目にしますが、あまりハートの力や愛の力をトレーニングするという本は目につきませんね。

マインド重視でハートが置き去りにされがちな世界

現代はマインド重視の時代で、学校でのカリキュラムもマインドの使い方を習得することが重要視されています。もちろん心構えや、身体の使い方ばかり教わってもそれはそれで困りますし、ハートの思いを実現するためにはマインドの力も絶対に必要ではあるのですが、マインドの力を育てることにほとんどの時間が費やされています。

みなさんの学生時代や社会人になってからの経験を思い起こしてみていただきたいのですが、ハートや愛についての授業やトレーニングがあったというご経験をされたという方はほとんどいらっしゃらないのではないかと思いますがいかがでしょうか?学校の場合、運営の母体が宗教的な組織であったりする場合は、ハートや愛についてのお話を聞く機会があったという方もいらっしゃると思いますが、そういった機会もたまにあったというくらいなのではないかと思います。

またこの社会において私たちが評価されたり褒められたりする時にも、頭のよさや知識の豊富さ、技術の高さや器用さ、容姿の美しさに焦点が当たっていることが多く、人柄の良さや優しさなどにあらわれているハートの力がまず最初に話題に上るという機会は少ないのではないでしょうか？

そのような社会の中で、私たちは、自分自身の見た目に気を配り、頭がいいかどうかを気にし、空気を読むことや人に対する気配りができるようにとがんばります。空気を読んだり人に気配りをすることを心がけるということは、本来はハートからの思いやりの気持ちを育むことであるはずなのですが、この社会の中ではそれはハートからの思いやりを育むというよりは、人の評価を得たり、出世したり、仲間外れにされないためのマインドのトレーニングになってしまっていることも多いのではないでしょうか。

幼少の頃からそういった環境にあれば、なかなか「まずはハートの力を育てて活用しよう」という考えにはならないのも自然なことかもしれません。

けれども、そんな状況にあっても私たちは本当はどうすれば本当の幸福感を感じることができるのかを知っています。私たちの頭にはそれが分からなくても、私たちのハートは知っています。そのため、誰もが本当はもっともっとハート（愛）の力を育てたい、もっともっと深い幸福感や満足感を感じる人生を生きたい、という思いを持っているのです。

ハートの力が育っていなければ幸せにはなれない

現代は問題解決のため、自分にとって必要なものを手に入れるため、望む人生をおくり幸せになるために、「マインド」を使うということに関しては、学校などの機関でトレーニングをしますが、感情や身体の扱い方やハートの力のトレーニングはほとんどが個人の努力に任されています。

特にハートの力については道徳や倫理、宗教に関わる問題として扱われることが多く、それぞれの心がけという扱われ方をすることが多いのが現状です。その結果私たちは自分の人生をよくしよう、自分を変えようと思う時も、やみくもにマインドの力を使って力任せにやろうとする傾向があります。けれども、マインドの力を使うなら、私たちが幸せになれるように、うまく使うことができなければ意味がありません。私たちが幸せに生きることができるように、マインドをうまく使えるよう導いてくれるのは「ハートの力」なのです。

また、私たちは私たちを構成する要素である「ハート」「感情」「マインド」「身体」をすべて使わなければ生きていくことができないので、自分を変えたり、人生を変えたり、より満たされた豊かな毎日をおくろうと思ったら、その4つをバランスよく大切にして、それぞれをどう扱うかを学んで、意識的にトレーニングしていく必要があります。

その中でも**ハートは最も大切なものです。なぜなら、私たちが本当の意味での幸せと満足感を感じるためには、「ハート」＝「本当の自分自身」の思いを大切にし、ハートの力を育て、ハートが望んでいることを実現して体験する以外の方法はないからです。**

ハートを大切にして、ハートの力を育てることにより、ハートに人生の主導権を握ってもらわなければ、感情もマインドも身体も最善の働きができず、それらを使って人生をよりよいものにしようとしてもなかなかうまくいきません。

幸福感を感じられないという方のほとんどが、「ハート」をおろそかにしてしまっています。ハートは本当の自分なのに、この本当の自分の思いを無視して、本当の自分の力を使っていないのですから、幸せを感じられなくても当然ですね。

あなたも本当の自分自身の思いよりも、他人や世間の思いを大切にしたり、あなたが感じたことよりも、権威ある人の意見や、重要そうに思える情報を信じたり、本当の自分自身の力よりも、思考力や体力や、容姿やコミュニケーション力などの他の力ばかりをトレーニングしがちなのではないでしょうか？

今まであなた自身がどのくらいハートを重要視してきたか、あなたのハートの思いを大切にしてきたか、ハートの力を育んできたか、そして、今、ハートに従って自分自身を生きるという喜びをどのくらい感じられているか、少し振り返ってみてください。

あらゆる場所で重要視されているハートの力

最近では、感情やマインドや身体に関する科学的な研究の成果からも、「ハート」というものがものすごい力を持っていて、「ハートの力」を育てることは、人が幸福感と満足感あふれる幸せで健康な人生をおくるためにも本当に重要だということが分かってきています。

そして、古来伝わる世界中の様々な地域の文化やスピリチュアリティの伝統の中では、はるか昔からハートの力を育むための訓練をするということが、本当の意味での幸福感と満足感を得るための基礎であり、究極の真理を知るために必要不可欠であるということが強調されていますし、私自身も先生方からそう教わってきました。また、私が幼少の頃から続けてきた、座禅や瞑想などを含めたスピリチュアリティに関わる実践や探求をする上でも、ハートとハートの力を育むことの重要性を強く感じています。

また、私たちが大自然の中に身を置いたり、自然に触れたりして、大自然や自分自身の本質や素晴らしさを感じたりする時や、音楽や絵画を始めとしたアートや様々な種類の活動を楽しむ時、また、茶道や華道などの様々な伝統的、文化的、精神的活動を楽しんだり探求したりする際にも、やはり、ハートの力が大切になってきますね。

あなたも今まで意識はしていなかったかもしれませんが、ここでもう一度ハートの22の力のリストを眺めてみてください。あらゆる活動をする上で、ハートの力がいかに大切であるかを感じられるのではないでしょうか？

誰もがハートの力で人生をより素晴らしいものに変えることができる

はじめにお話しさせていただいたように、私は今まで個人セッションやセミナーを通じて何千人もの方々の人生に関わらせていただいてきました。そうしてご縁をいただいた多くの方々が、自分自身を変容させ、本当に望んでいる人生を生きることをサポートさせていただく中で、**ハートの力とその力を育むことで拡がる可能性について学んで、ハートの力を育むトレーニングをする**ということが、**私たちが幸福感と満たされた気持ちを感じられる人生をおくる上で最も重要である**ということを確信するに至りました。

そしてそのように**ハートの力を育てることで、ハートの力を発揮できるようになった方々が、ご自分自身も幸福感と満足感に満たされた豊かな毎日をおくりつつ、この世界をより幸福感と豊かさあふれる場所にしていくための大きな力となって、ご自分の周りの方々や、ご縁のある方々や、この世界にご自分の美しさと才能を分かち合い、貢献していらっしゃる**姿を本当にたくさん拝見してきました。

その中には**最初からハートの力を発揮していらした方も、大変な努力とトレーニングの末にそうなった方もいらっしゃいます。**華々しいご活躍で世に知られている方もいらっしゃれば、人知れず活動されている方もいらっしゃいます。**すべての方がそれぞれ独自の道を歩いていらっしゃり、一人として同じ道を歩いていらっしゃる方はいません。**

それは、ハートはその人だけの、その人自身にしか歩めない人生を歩むよう導いてくれるからです。

そしてハートの力を目覚めさせて発揮するということは、どのような能力をお持ちの方でも、どんな状況にある方でも、現在どのような状態の方でも、どんな方にも可能なことですが、私たち一人一人が違った性質や才能を持ち、それぞれが違った人生を歩んでいる以上、決して決まったパターンがあるわけではありません。

けれども共通しているのは、どんな人でも、いつでも、どこにいても、今この瞬間からハートの力を目覚めさせて、自分自身の素晴らしさを発揮して分かち合い、豊かさと喜びに満ちた幸せな人生を生きるためのスタートを切り、それを実現することができるということです。

すべての人の内には分かち合うべき才能と美しさが眠っている

私はたくさんの方々とお会いする機会がありますので、お会いする方々お一人お一人がお持ちの、計り知れない可能性と素晴らしさについて一生懸命お話しさせていただいているのですが、みなさんなかなか信じてくださらないのです。けれども、本当にみなさんお一人お一人が本当に素晴らしくて世界を変えるような大きな力を持っている存在です。この本を読んでくださっているあなたももちろんそうです。

ただ、それを信じられないからということもありますが、それに気づいてしまうと、大変で面倒くさいことが待っているから、自分は大したことないことにしておこうという感じで逃げている方もたくさんいらっしゃいます。もちろんそれは無意識にであったり、自分でもそれほど明確に意識していないうちにそうしていらっしゃるのですが……あなたも思い当たるところはありませんか？それともほんとうに自分なんて大したことないんだもん、と思われるでしょうか？

もしかしたら、ハートの力が目覚めていないせいで、あなた自身があなた自身のことを大したことないと感じてしまうような在り方や、ものの見方をしているということはあるかもしれませんが、本当はあなたの内には想像もできないような可能性と、世界と分かちあうべき素晴らしい才能と美しさが眠っているのです。

ありのままの自分でいるということとハートの願い

最近「ありのままの自分」という言葉をよく目にします。あなたも「ありのままの自分でいいよ」というような本や記事を目にしたことがあるのではないでしょうか？

もちろん今の自分自身をありのまま受け入れるということはとても大切なことですし、本当の意味での「ありのままの自分＝ハートに従ってハートからの表現をしている自分」を大切にするのであればいいのですが、「エゴ（自分自身の中の、ハートとのつながりを失って、分離してしまっている自分）」の思いを本当の自分の思いだと思い込んで、エゴの思いのままにふるまってしまう場合もあるので、注意が必要です。

「ありのままの自分」であろうとする時には、それが本当にハートからの表現をしている自分なのかどうかをチェックしてみてくださいね。

「エゴ」と「エゴの思い」という言葉については後ほど詳しくお話しさせていただきます。今のところは「エゴ」というのは「ハートとのつながりを失ってしまった、自分自身」を指し、「エゴの思い」というのは、ハート（本当の自分）から生まれる思いではなく、「ハートとのつながりを失ってしまった自分自身が生み出す思い」だと思っておいてください。

また、ありのままの自分という言葉が広まるにつれ、別に偉大じゃなくてもすごくなくてもいい、別に大変なことをしたり、辛い努力をしたりしなくても、そのままの自分でいるだけでいいと思い込んでいる方を見かけます。けれども、それでいいかどうかは、その方のハートがどのようなことを望んでいるのかによります。

「何もしなくてもただそのままの自分でいるだけでいい」という言葉があらわす意味には、いろいろな側面があります。

・「そもそも私たちは存在しているだけで価値がある尊い存在であり、何もしなくてもただそのままの自分でいるだけでいい」という私たちの存在に関する真実をあらわしている側面。

・「自分がこうありたいと思う自分からはかけ離れているけれども、どんな状態の自分であれ、自分なりに人生を生き、様々な状態を経験をしていること自体がとても尊く、素晴らしいことなのだから、今の自分自身を否定する必要はない」という自分という存在をそのまま受け入れることの大切さをあらわしている側面。

・「あれこれ考えたり悩んでばかりいても、消耗してしまうだけで何も生まれないし、もともとある自分のよさを失くしてしまうことにすらなりかねないから、まずは今の自分にできること、したいことを思いのままにしてみればいい」という、ハートかエゴかということはひとまず置いておいて、まずは自分の表現をしてみることが大切な段階にいるということをあらわしている側面。

・人や状況や時によって「何もしなくてもただそのままの自分でいるだけでいい」という事実をあらわしている側面。

など様々な側面があります。それを踏まえた上で、ハートの思いはどうなのかを確認することが大切です。

「ありのままの自分でいる」ということと、「ずっとそのままの自分でいる」ということには大きな違いがあります。私たちにはなりたい姿があり、私たちのハートはそんな自分になることを願っているので、「ずっとそのままでいい」とは思っていないはずなのです。

先ほどもお伝えしたように、まずは「そのままの自分でいるだけでいい」ということを自分自身がどう捉えているのか、また「そのままの自分でいるだけでいい」という思いがエゴからのものなのか、ハートからのものなのかを見つめてみるということが大切です。ただしそれがその時のハートからの思いであったとしても、時間の経過とともに変化することもあるので注意してくださいね。

ハートの思いに従えば、あなたがなりたい自分になれる

もちろん、他の誰かの基準に合わせたり、誰かと比べたりして、他の誰かのようにすごくなろう、偉くなろうとがんばって、疲れてしまったり病んでしまったりするというのは私たちの本当の幸せにはつながりませんが、自分のハートに従って、ハートの力を育て、自分自身の美しさや才能を表現して生きる自分になっていく、ということはとても大切です。

なぜなら、そうすれば自分自身でも想像できないような素晴らしい自分、私たちのハートが本当に望んでいる自分になれ、ハートが本当に望んでいる幸福感に満ちた人生をおくることに

なるからです。

いずれにせよあなたがハートの思いに従って、毎日を生きていけば、そのままの自分を受け入れて安らぐことが大切な時、自分自身を励ましながらがんばってみることが大切な時、限界までがんばって限界を超えていくことが大切な時、とにかくリラックスして楽しむことが大切な時、ただ休むことが大切な時、何でもいいからとにかくやりたいことをやってみることが大切な時、自分自身と真剣に向き合うことが大切な時、とにかく自分自身の思いを大切にすることが大切な時、自分以外の人や何かのために全力を尽くすことが大切な時、などなど人生の中で訪れる様々な時期を自然に経験していくことになります。

どんな時も変わることのない「ありのままでいい」「そのままでいい」ということの本当の意味は、「ハートの思いのままでいい」「ハートが生きたいままでいい」ということであり、「ハートに従っていけばいい」ということです。

これまでにご縁をいただいた数千人を超える方々との経験を通じて、私は、ハートに従えばどんな人も美しく輝く素晴らしい存在になれるし（そもそも美しく素晴らしい存在なので、その輝きが表にあらわれてくるという方が正確ですが）、どんな人も幸福感と満足感あふれる豊かな人生をおくることができるということを知っています。

ですから、一人でも多くの方がハートの力の大切さに気づいて、ハートの力を目覚めさせて幸福感と満足感あふれる人生をおくってくださるよう、ハートの力とその力をトレーニングすることの重要性についてお伝えしていきたいと強く願っています。

ハートのすごさと科学が気づきはじめたハートのすごい力

それでは次に、「ハート」にはどんな力があるのか、「ハート」の何がどのようにすごいのか？ということについて、「ハートの力」があらわれている、臓器としての「ハート（心臓）」についてのお話や、科学が発見したハートの力についてのお話をご紹介していきたいと思います。

私たちのはじまりはハート（心臓）から

ご存じの方も多いかと思いますが、受精卵ができてから私たちという人間がつくられていく際に、一番最初にできる臓器が心臓です。受精卵の細胞がある程度まで増えると、一部の細胞がＷＮＴ（ウィント）というメッセージ物質を出し始めるそうです。するとＷＮＴを受け取った細胞たちは、次々に〝拍動〟をはじめます。つまり「心臓」の細胞に変化するのですね。すると細胞が次のメッセージ物質であるＦＧＦ（エフジーエフ）を放出しはじめます。それは「肝臓」になって！というメッセージで、これが近くの細胞に届くと肝臓の細胞が生まれるのだそうです。

様々な国の文化的・宗教的伝統やスピリチュアリティの伝統の中に、ハートからすべてが生まれるという表現を見ることができますが、身体という側面から見ても、文字通り私たちは「ハート（心臓）」から始まっているのですね。

脳よりも速く正確な認識力と知覚力を持っている

カリフォルニアに拠点を持つハートマス研究所で行われた研究により、私たちの心臓は、外からの情報や刺激に対して、脳が反応するよりも数秒早く反応するということが分かったそうです。

この研究では、被験者の方にセンサーを装着し、心臓の活動、脳の活動、心臓と脳の相互作用を記録しながら、モニターにランダムに表示される様々な写真を見るという実験が行われました。表示される写真は、蛇が攻撃するところや交通事故の被害者の方など、嫌な印象を受けるものから、夕陽やお花や笑顔のようにいい印象を受けるものまで様々で、感情が大きく動くようなものなのですが、驚くことに、脳よりも先に心臓の方が反応していたばかりか、写真が表示される数秒前にすでに心臓が反応していました。

表示される写真がいい感じのしない衝撃的なものである場合、写真が表示される数秒前に心拍数が下がっており、私たちが何かを目にする前に、すでに心臓はそれを知っていて反応するということが分かったそうです。

様々な国の文化的・宗教的伝統やスピリチュアリティの伝統の中でも、ハートはすべてを知っていると言われてきましたが、科学的な発見を通じてハートの力であるハートの認識力と知覚力の一端を垣間見ることができますね。

ちなみに脳が認識する数秒前にハートが認識して、その後、脳が認識するわけですが、私たちが起こっていることや外の刺激を意識する7秒前には、すでに脳が何らかの判断を下しているということが分かっており、私たちが「あ」と気づき、「こうしよう」と意識的に決める7秒前にはすでに脳が判断し選択し終わっているのだそうです。時間というものについても、意識というものについても、私たちが理解できるのはほんの一部なのですね。

記憶する力を持っている

心臓移植手術を受けた方が、ドナーの方の記憶を引き継いでいたというお話を耳にしたことのある方も多いのではないかと思いますが、私たちの想像以上にそういった体験をされた方はたくさんいらっしゃるようです。

アリゾナ州立大学の心理学教授のゲイリー・シュワッツ（Gary Schwartz）教授の、臓器移植を受けた方々に対する20年以上の調査研究の結果、臓器移植を受けた方のうちの70例でドナーの方の生前の記憶が残っているという現象が発見されました。

たとえば、臓器移植手術を受けた後、突然流暢な外国語を話せるようになった女の子。若いミュージシャンの心肺を移植する手術を受けた後、突然ギターを弾くことに夢中になり、作詞作曲をするようになった女の子。移植手術を受けた後、頻繁にドナーの方が亡くなった時の状況に関わるような悪夢を見るようになった女の子など、臓器移植によって本当に様々な種類の記憶が引き継がれています。臓器移植による移植のうち、心臓移植後に悪夢を見るようになった女の子の例では、驚いたことに、女の子が夢の中で見た犯人像をもとに、犯人を逮捕することができたそうです。

その他に、健康的な食生活をおくっていた米国の舞踊家の女性が、心肺移植手術を受けて退院した後すぐに、ケンタッキー・フライドチキンを大量に食べたり、冷静で保守的だった性格が、興奮しやすく争いを好むような性格に変わってしまったため、不思議に思って調べた結果、臓器を提供してくれた青年がまさに、ケンタッキー・フライドチキンが好きで、興奮しやすく、争いを好む性格だったことが分かったという例もあるそうです。

また、神経心臓学を専門としているカナダのモントリオール大学名誉教授アンドリュー・アーマー(J. Andrew Armour)博士によると、心臓には約4万個のニューロンから成る、脳と同じ神経の構造を持つハートブレイン（心臓脳）が存在しており、この心臓脳は、脳とは関係なく独自に知覚、記憶、学習、決定という脳と同じような働きをしていることが分かっているそうです。英語には、暗記することを意味するlearn by heartという表現がありますが、まるで心臓が記憶するということを知っていたかのような表現ですね。

ここでは心臓という臓器についてのお話をさせていただいていますが、心臓という臓器だけではなく、ひとつひとつの細胞や、細胞を構成する物質である水なども、様々な記憶を保持しているという研究もあります。「あらゆるものの中にハートが存在している」ということが観察されはじめたことを感じられる研究ですね。

ものごとに対する推理や判断に影響を与える力を持っている

脳が心臓におくる情報よりも、心臓が脳におくる情報の方がはるかに多いということは以前から知られていましたが、心臓が私たちの心や身体に与える影響は、脳が与える影響に比べるとまだまだ知られていません。

また、前述の米カリフォルニア州のハートマス研究所における研究でも、感謝や愛の思いを感じるワークをすると、心臓と脳の活動がシンクロ（同期・同調）し、そのような状態にある時ハートとマインドはつながっていて、脳の機能が高まるということも分かっているそうです。

英国ブライトン・サセックス・メディカル・スクール（Brighton and Sussex Medical School）のサラ・ガーフィンケル（Sarah Garfinkel）博士と、ロンドン大学ロイヤル・ホロウェイ校（Royal Holloway, University of London）のマノス・ツァキリス（Manos Tsakiris）博士による論文が発表された際に、研究チームは、心臓の鼓動がより速く、より強くなる緊迫した状況では、何かを脅威だとみなしてしまう錯覚が生じるリスクが増大する可能性があると注意を促しています。

また、論文発表の際の会見で両博士はそれぞれ、「心臓の発する信号は、目の前にある物体を誤認させる程度にまで人間の知覚を支配する場合もある」「恐れや思考に対する心拍の影響などの人体の自動作用を理解している人は、それらをより上手に制御できることが他の研究で判明しているため、自身の心臓の鼓動をより意識するようにトレーニングできれば、これらの信号が及ぼす可能性のある強いマイナスの影響を弱めることが可能になる」と述べていらっしゃいます。

これ以外にも、心拍の間隔のゆらぎが大きいほど、ものごとを賢明に推理したり判断したりすることができるという研究もあり、脳だけが物事を推理したり判断することに関わっているわけではなく、心臓が発する信号は私たちのものの見方に大きく影響を与えているということが分かっています。

先ほどの心臓の知覚したり認識したりする力と同じように、様々な国の文化的・宗教的伝統やスピリチュアリティの伝統の中ではハートの持つ知性についてのお話がたくさんあります。古代エジプトでは脳ではなく心臓が感情や思考や意思の座だとされていました。古代から語り継がれてきている智恵の中には、まだ発見されていないことがたくさん隠されていますね。

脳よりも強く大きな電磁的フィールドを持ち、大きな影響力を持っている

お話をしなくても、顔を見なくても、何となくその人の状態を感じるという経験をしたことがある方は多いのではないかと思います。あなたもそういったことを日常感じることがあるのではないでしょうか？

心臓は身体の中で最も大きな電磁場を形成しており、心臓の発する磁気の強さは脳が発する磁気の5000倍もあり、電気の強さは10万倍にもなります。心臓が形成する電磁場は1～2m離れた場所でも計測することができるそうです。

2人の人の間の心拍のリズムと脳波の関係を測る実験からは、安定した心臓の動きは、他の人の脳波に影響を与えるということや、寝ている時にはシンクロ（同期・同調）するけれども、起きている時には通常シンクロすることのない2人の人の間の心臓の動きが、ポジティブな感情を持つとシンクロするということが観察されたとのこと（図A・図B）。

身体が離れていても、お互いの心臓を通じて影響を与え合っているのですね。ポジティブな思いを持つ時、私たちの電磁的フィールドはより大きくなるそうなので、私たちがポジティブ

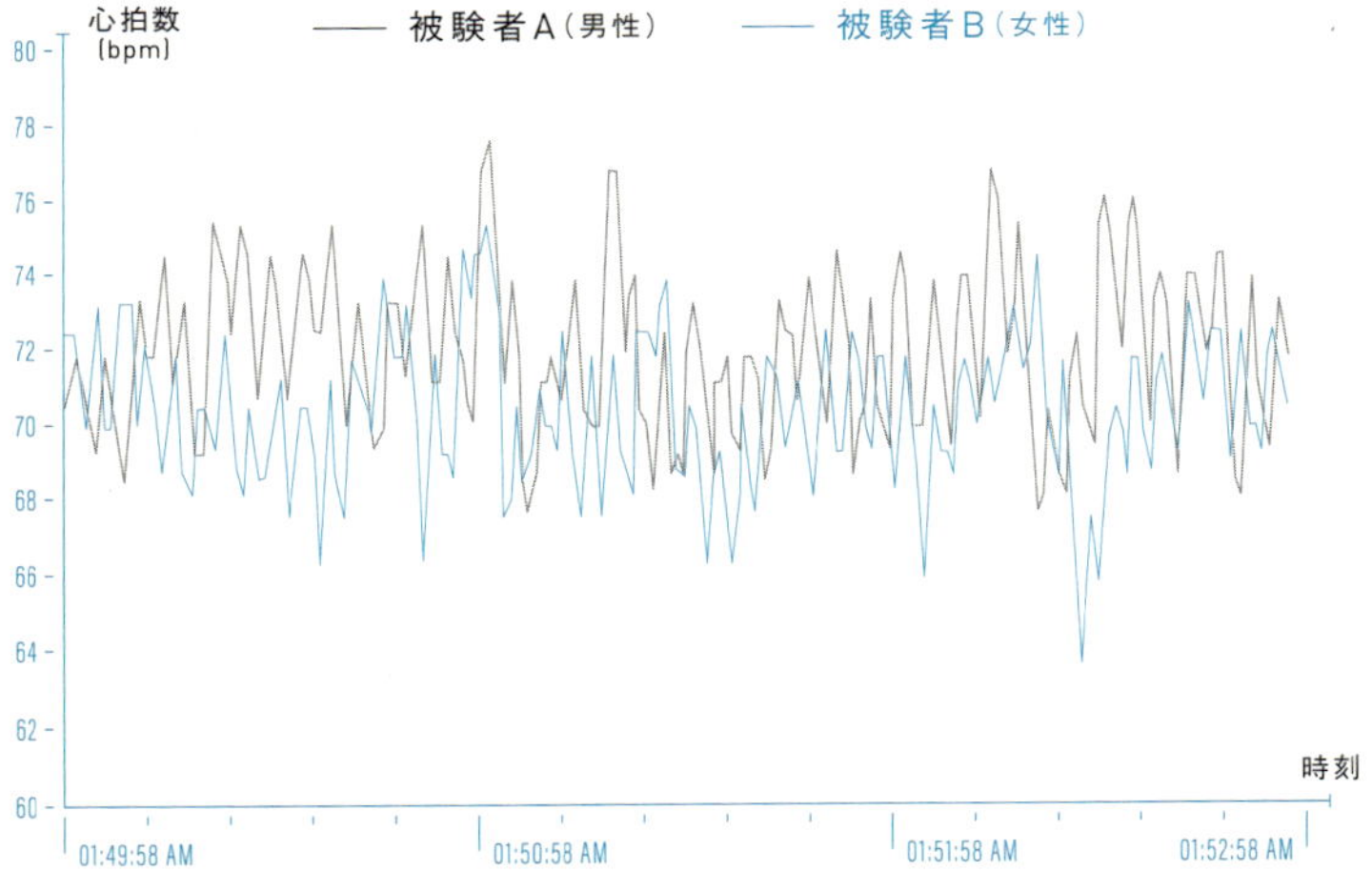

図A　起きている時はシンクロ（同調・同期）しない夫婦の心拍は、就寝時はシンクロする

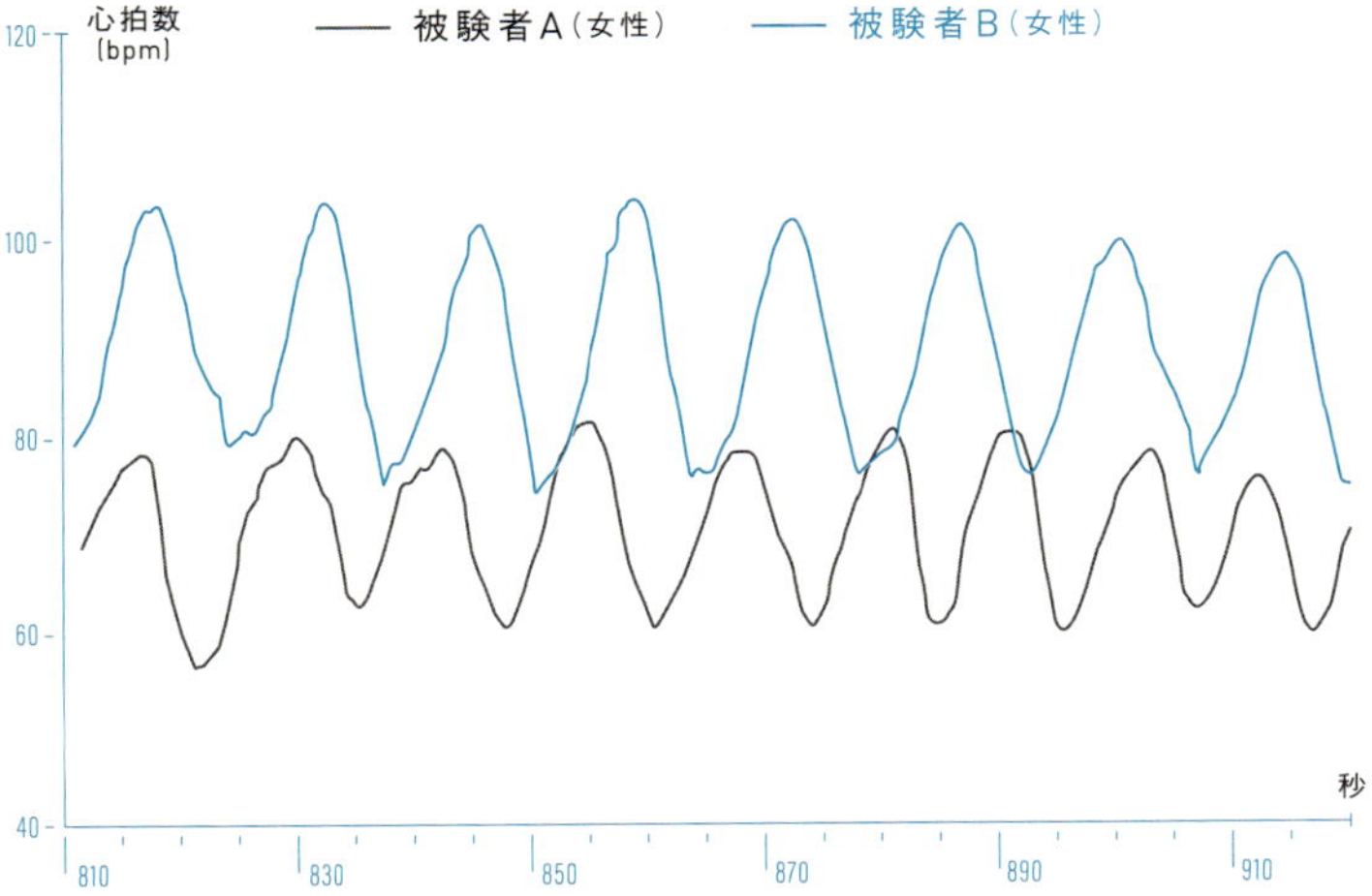

図B　お互いに感謝や愛の思いを感じるワークをしている時の２人の女性の心拍はシンクロしている

な思いを持つことで自分以外の人に大きな影響を与えることになります。

自分以外の生きものと共振してシンクロ（同期・同調）する力を持っている

また、心臓の動きは人同士だけではなく、動物ともシンクロするということも分かっています。図Cは女性が馬に対して愛や感謝の思いをおくるワークをしている時に測定された心拍の図なのですが、波形を見ていただくとお分かりいただけるように、女性と馬の心拍がシンクロ（同調）しています。図Dを見ると、飼い主の男の子がワンちゃんのいるお部屋に入ると、男の子とワンちゃんの心電図の波形がシンクロし、男の子がお部屋を出ると心拍のリズムがシンクロしなくなっていますね。一緒に暮らしているペットと気持ちが通い合っていると感じるような経験を多くの方がされていると思いますが、私たちが認識している以上にお互いの存在が影響を与え合っています。

合唱をする際に一緒に歌っている人々の心拍のリズムもだんだんシンクロしてくることも観察されているそう。日本語には「心を合わせて」という表現がありますが、心臓の動きもシン

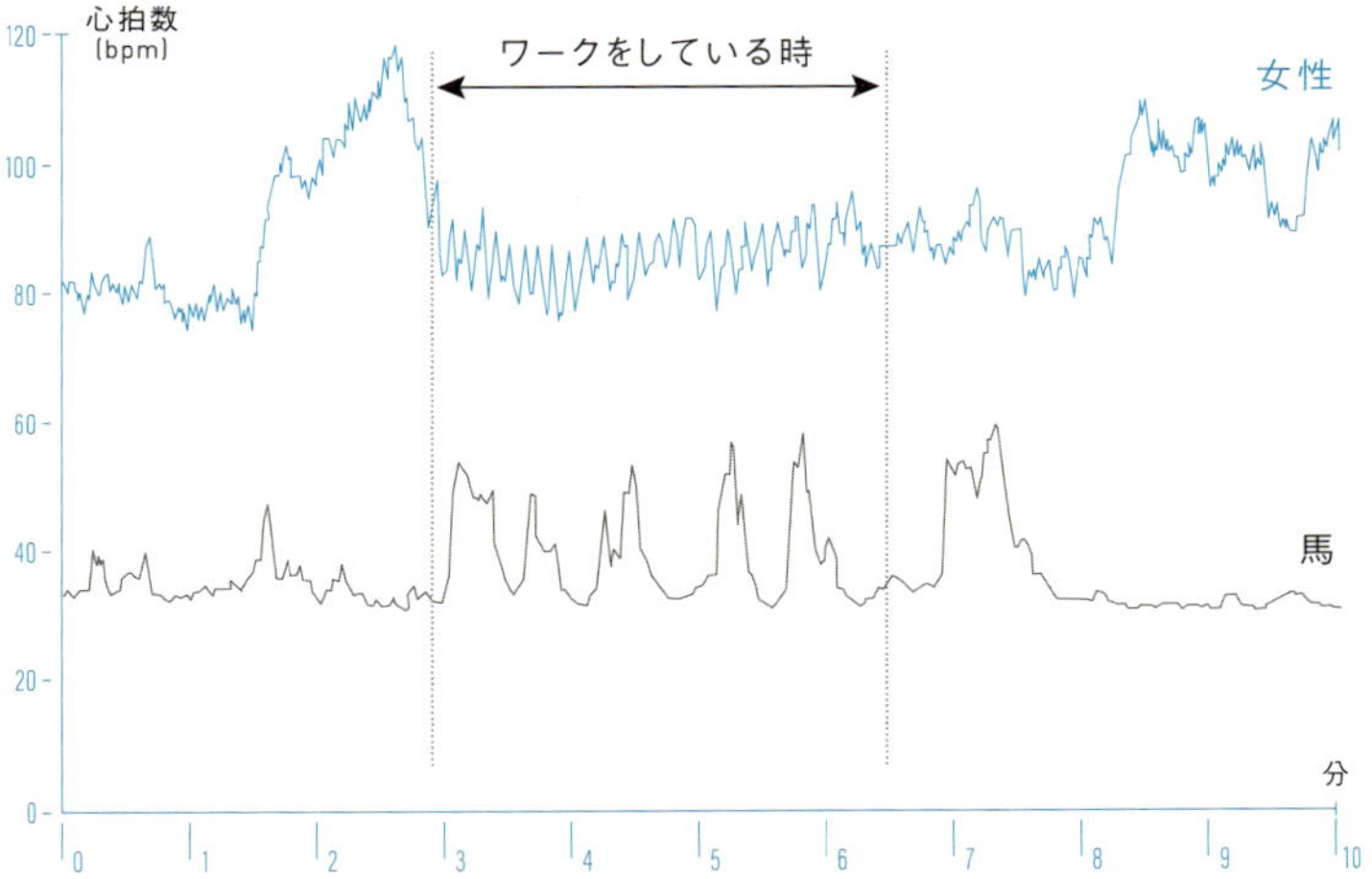

図C　女性が馬に対して愛や感謝の思いをおくるワークをすると心拍がシンクロする

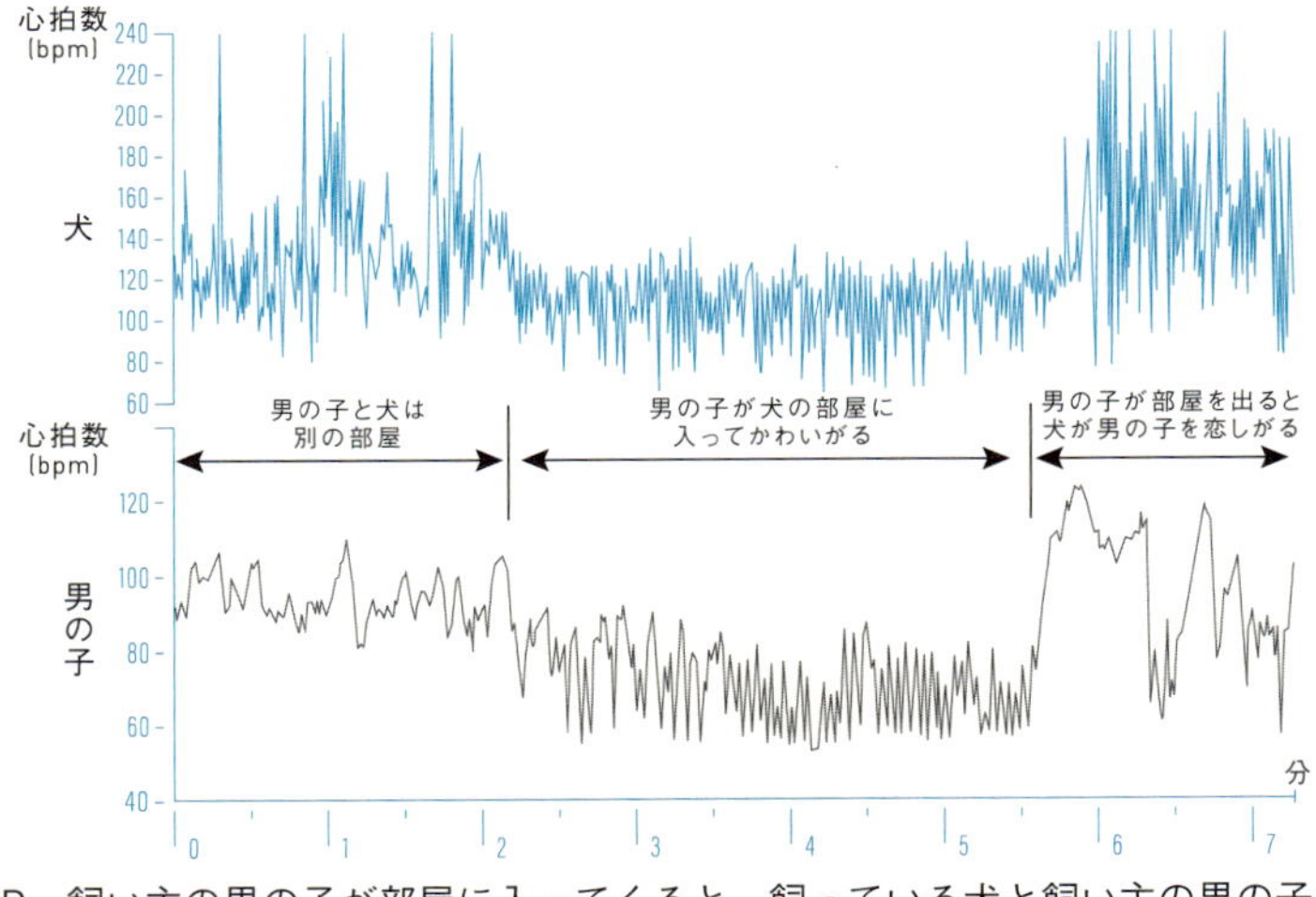

図D　飼い主の男の子が部屋に入ってくると、飼っている犬と飼い主の男の子の心拍のリズムがシンクロする

クロしているのですね。逆に表面上は周囲の人に合わせていても、心がそうではない場合はこのように同期することはなく、私たちのハートはそれを感知しています。ワンちゃん以外の動物のデータはあまりありませんが、表情や、言葉や行動を介さず、ハートでコミュニケーションが行われているということですね。あらゆるいのちと共振して同調するハートの大きな力が感じられる実験です。

心も身体も健康にする癒しの力の他、様々な力を持っている

このように「ハートの力」があらわれている、臓器としての「ハート（心臓）」には様々な働きや力があることが分かってきており、その他にも自分自身や人や動物の心や身体を癒す力や、直観的・本質的な理解力など、例を挙げていけばキリがないのですが、ハートの力のあらわれとしての心臓の働きや力について知ることで、ハートにはとても大きな力があるということを感じていただけたのではないでしょうか？

ここまで色々な研究をご紹介させていただきましたが、科学的な発見についてのお話は、あくまでもハートの力への理解を深めるきっかけとして参考にしていただければと思います。

「科学的なデータがあるからハートには本当に様々な力があることが証明された」というのではなく、私たちがハートで感じていたこと、本来知っていることのほんの一部を科学が説明することができるようになってきたのだということを忘れずに、ハートをマインドだけで理解しようとしないように気をつけてくださいね。

ハートの力を目覚めさせるということをしない限り、本当に「ハート」というものを知ることはできません。ハートの力は、「ハートで体験し、知り、直観的に理解する」ものであって、「マインドで分析し、知り、論理的に理解する」ことはできないものなので、今後どれだけ研究が進んだとしても、ハートの力のすべてを科学が解明することはできません。なぜなら、マインドは限られたものを、限られた方法で、限られた範囲でしか捉えることができないからです。

ただし、ハートとマインドが一緒に働くことによって、よりハートを多面的に体験し、知り、理解することができます。

多くの科学的発見は、マインドの力だけを使ってなされているのではなく、最初は誰かのハートが真実を直観的に感じ取り、それをあらわしている現象を、マインドを使って科学的手法で探し、分析することによってなされています。ハートとマインドが一緒に働いてくれる時、様々な真実があきらかになるのです。

これまでお話しさせていただいたように、多様な力を持っているハートですが、日常生活の中ではあまり重要視されることなく、日々マインド中心の生活になってしまっているのはとても残念なことです。

「感情」も「マインド」も「身体」もハートの願いをこの世界で実現するために一緒に働いてくれるパートナーだというお話をさせていただきましたが、ハートの願いを実現し、自分自身が体験したい人生を生きるためには、マインドではなく、ハートに主導権を握ってもらいハートを中心に生きていく必要があります。

私たちがハートの思いに従って何かをしようとする時には、ハートとマインドが調和して働くことができます。一方ハートの思いを無視してマインドだけで何かをしようとする時には、マインドはハートから分離したエゴマインドとなってしまい、ハートとマインドが調和して働くことはできません。マインドは決して悪者ではなく私たちの夢を実現するためのパートナーですが、主導権はあくまでもハートに握っていてもらいましょう。

何事もほぼ予想通り、思い通りの快適で安全な国に住むことの大変さ

ここで少し、日本のように様々なことがシステム化された快適な国で生活をしていることにより、ハートに従ったり、ハートの力を育てることが難しくなってしまう場合もあるということについてお話をさせていただきたいと思います。

現代の日本のように、様々なシステムが機能している快適な国で生活をしていると、本当の自分自身である**「ハート」の求めているものとは関係なく短期的な快楽を求めたり、目の前の苦痛を避けたがる「ハートから分離したマインド＝エゴマインド」が欲しがるものや経験をすぐに手に入れることができてしまいます。**

そのため、ハートの声に耳をすませたり、ハートに従う練習をするということが難しくなってしまっています。そうすると、ハートから分離した**「エゴマインド」だけがフル稼働していて、ハートとともにマインドを使っていくというトレーニングをする機会がなかなかありません。**

日本では宅配便の配達状況などを見ても分かる通り、欲しいものがすぐに手元に届くという

システムが整備されています。また、電車は時間通りに来ますし、何かお買い物をすればちゃんとした商品が手に入るということもあり、予測できないことが起こるということや、待つという体験が少なくなっています。

そして、買い物に関してもすぐに何でも注文できてしまうので、**本当にそれがほしいのか、本当にそれを手に入れた方が幸せになれるのかといったことをハートに問いかけてゆっくり考える前に手に入れてしまう**ということも多くあると思います。

また、実際に出かけていったり、行動したりという大変な思いをしなくても欲しいものを手に入れることもできますし、物事がスムーズに進むことも多いので、**何かをなそうとする時や、何かを手に入れようとする時に、スムーズにいかないこと、大変なことに対しての耐性が低い**というところがあると思います。

そして、そこまで治安も悪くなく、商業施設やレジャー施設、ゲームやテレビなどの様々な楽しみもあるので、**ハートに従って、ハートが本当に望んでいる人生をおくることで得られる幸福感や満足感を得ようとする前に、今エゴが望んでいることをして欲求を満たせば、手軽な満足感を得られ、気分も変えられるという環境にあります。**そういった理由からハートが本当に望んでいる人生を生きるための努力が億劫で辛いと感じてしまったり、努力が実を結ぶまでの時間を長すぎると感じてしまったりして、**ハートが本当に望んでいる人生をおくるために必**

要な努力を必要な期間続けていくということができなくなってしまっている方をたくさんお見かけします。

このように、様々なことがシステム化された快適な国で生活をしていることで身についてしまった、自分自身やものごとに向き合う際のこころの癖が、ハートの声に耳を傾けたり、ハートの声に従ったり、ハートの力を育むことを難しくしてしまっているという部分もあります。

もちろん様々なシステムがうまく機能しておらず、治安が悪い国に住んでいたとしたら、今日を生き延びるので精いっぱいという状態になってしまい、ハートの思いや願いよりも必要性によって行動を決めなくてはならない部分が多くなるなど、それはそれで大変なことが出てきますが、どのような場所にいるにせよ、あたりまえのようになっている環境の影響で、自分がどんなこころの癖を持っているのかということを観察することは、ハートの力を目覚めさせていく上でとても大切なことです。

意識しないとなかなかそういったことに気づくのは難しいので、あたりまえのように過ごしている日常生活の中で、自分自身が日々ハートの思いとどのように向き合っているかに意識を向けて観察してみることが大切になってきます。

状況が許せば、時々外国を訪れてみたり、普段はしないような大変なことや手間のかかることにチャレンジしてみたりすると、自分自身がいかに不快感を感じることなく快適にすごしたり、欲求をすぐに満たすことを優先したがっているかに気づく機会が得られるので、ぜひ試してみてください。

そして日本ではあまりことを荒立てることなくものごとを穏便に進めて終わらせるということが重要視される傾向があります。これは決して否定的な側面ばかりではないのですが、ものごとを穏便にスムーズに運ぶということを重要視するあまり、ハートの思いに従うより、社会やコミュニティなどの基準や要求に従ってしまい、ハートの思いを無視してしまうということもよく起こります。

もちろん、ものごとを和やかに調和のとれた形で進めることは大切で、そのために本来であれば、**コミュニケーションがうまくとれなかったり、意見の相違があることで、一時的な緊張状態や軋轢などの不快な状況を体験することになったとしても、また、たとえ時間や労力がかかったとしても、自分自身のハートの思いを大切にし、その思いと社会やコミュニティの基準や要求と調和させていく工夫をすることが必要**です。

しかし、すべての人にとって最善の形を探す努力をすることよりも、一時的な緊張や軋轢などの不快感を避けたい、面倒くさいから早くことを終わらせたいというエゴの思いに従うことにより、ハートの思いを押し殺してしまい、場合によっては他の人にもそうあるよう望んでしまったり、時として自分自身の思いを抑圧した結果、自分も我慢しているのだからという考えから、自分以外の人がハートの思いを大切にすることをじゃましてしまったりすることもあります。

このように、快適な生活への慣れや、すぐに欲求を満たすことができてしまう環境にあることや、一時的な緊張や軋轢などの不快感を避けたい、苦しいからまたは面倒くさいから早くことを終わらせたいという姿勢によって、ハートの思いに耳を傾けたり、ハートの願いを実現し、自分自身が本当に望んでいる人生を生きるために必要な努力をすることができなくなってしまうと、自分自身の内にある可能性が目覚めることなく眠ったままになってしまい、ハートが本当に望んでいる人生を生きることができず、幸福感や満足感を感じることができなくなってしまいます。

日本をはじめとした、治安もよく、物質的にも豊かで、社会のシステムが整っている国であれば、生き延びるだけで精いっぱいというような環境ではないので、人生を生きる上での選択肢も豊富で、本当に生きたい人生を生きるチャンスもたくさんあるはずなのに、幸福度が低いというのはこういったことも理由のひとつとして挙げられると思います。

また、多くの方が自分自身が本当に望んでいる人生を生きて幸福感や満足感を感じるということができていないので、常に何かを追い求めて生活をしていて、快適さを確保したり、自分の欲求を満たそうとしたり、人生を生き抜くということだけで精一杯という状態です。その結果自分自身の人生にあふれる豊かさに目を向けたり、自分が愛していることをやったり、他の人のために時間を割いたり、助けを必要としている人に奉仕したりする度合いも低いという、「自分も幸せを感じられないし、他の人の幸せに貢献することもできない」という状態になってしまっています。

もともとものごとを丁寧に行い、見知らぬ人に対しても親切で、礼儀や調和を大切にするという日本の人々の美しい性質を自分を含めたすべての人の本当の幸せにつながる形で発揮できない状況になってしまっているのはとても残念なことですね。

けれども、ハートの力を目覚めさせ、ハートの思いを大切にしながら生きることができれば、あなたの内にある可能性が花開き、より多くの方々の幸せにつながる形でそのような美しい性質を発揮していくことができるようになります。

本当の意味での幸福感や満たされた感覚、安心感を感じるためにも、今、ハートの力について学び、ハートの力を育んでいくことはとても大切で有益なことだと思います。

なぜ今「ハートの力」の大切さが注目されているのか?

最近アメリカでは多くの大学で「思いやり」や「慈悲」、「感謝」といったハートの力に関する研究や講義が盛んになってきています。それはこれまで効率や利便性、物質的な目標達成や成長を目指して研究を重ね、それらを追求してきた結果、やはり「幸福感」や「満たされた気持ち」を感じるためにはそれだけでは不可能だということが分かり、ハートの力というものがとても重要だということが分かってきたからなのですね。

「そんなの当たり前でしょう。分かり切ったことでしょう」と多くの方が思われると思うのですが、それが重要だということは当たり前だと分かっていながら、多くの方が大切にできていないため、日本を含めて幸福度が低いという結果になってしまっているのですね。

残念ながらマインドばかりを使ってマインド中心で生きている私たちは、データでメリットを示されないと、ハートで大切だと分かっていることにも目を向けることができないというところがあるので、こうした研究の結果が取り上げられるようになっているということもあります。でも、本当はすべての人がハートの力の大切さについては分かっているはずです。

また、ハートは脇に置いておいて、マインドが主導権を握って様々なものやシステムをつくって進んできた私たちの文明の発展が、その文明の中にいる人間や、人類を含めた地球に存在する生命全体としての幸福度や、持続可能性といった面から見ても、たくさんの問題を抱えてつまずいてしまっていて、「なんかこれじゃやっぱり違うかも。うすうす感づいてはいたけど、今までみたいな生き方はダメかも。もっとハートを大切にしなきゃいけないかも」と感じている方が多いということの表れでもあると思います。

米国の私立名門校スタンフォード大学ではダライラマも協力しておられる、「思いやりと利他精神の研究教育センター（CCARE）」が設置され、思いやりの力を育むためのプログラムが提供されており、同大学の経営大学院のMBAの講義の中でもマインドフルネスと思いやりのリーダーシップというクラスが人気のクラスとなっています。また、公立名門校カリフォルニア大学バークレー校のグレーターグッドサイエンスセンターという研究機関でも思いやりや幸せについての講義やオンラインコースなどが設けられ、とても人気があります。

また、他の大学や研究機関による、人が幸福感を感じ、満たされた人生をおくるためには思いやりや共感力などのハートの力が重要である、という研究結果をもとに、様々なトレーニングが公開され、その恩恵を受けている人がどんどん増えつつあります。

今日本でも心理学や精神医学などの「こころ」に関するトピックや、「スピリチュアル」なトピックに関心を持つ方が増えているのも、経済的物質的にある程度のところまで到達したのに、幸福感や満足感を感じられていない方も多くいらっしゃるからということもあると思います。

ただ、せっかく幸せになりたいと思って、そういったことに関心を持って学んでいるのになかなか幸福感を感じられないという方もたくさんいらっしゃいます。

その理由のひとつに、さきほどもお話しさせていただいたようなこころの癖や傾向によって、ハートの力を育むことができていないということが挙げられます。こころに関することやスピリチュアルなことを学んで、もっと幸福感と満足感を感じられる人生をおくりたいと思ったら、ハートの力を育むことをじゃましてしまう、そういったこころの癖や傾向に気づいて向き合っていくことが大切です。

ハートの力を育むことをじゃましてしまうこころの癖や傾向をもう一度ここにあげてみますので、あなた自身はこのようなことがないかチェックしてみてくださいね。

・何でも比較的簡単にすぐに手に入るため、**ハートの声に耳を澄ませ、ハートが本当に求めているものが何なのかを熟考したり、確認することのないまま、エゴマインドが求めているものや経験を手に入れてしまう。**

・様々なシステムが機能する快適な生活に慣れているため、予測できないことに遭遇したり、待ったりするという体験が少ない上、大変な思いをしなくても欲しいものが手に入ることから、**何かをなそうとしたり、手に入れようとする時に経験する、スムーズにいかないことや大変なことに対しての耐性が低く、待つことが難しい。**

・ハートが本当に望んでいる人生を生きる幸福感を感じていなくても、エゴの欲求を満たせば、手軽な満足感を得られ、気分も変えられるという環境にあるため、**ハートが本当に望んでいる人生を生きるための努力が億劫で辛いと感じたり、努力が実を結ぶまでの時間を長すぎると感じてしまい、必要な努力を必要な期間続けていくことができない。**

・**ものごとを穏便にスムーズに運ぶということを重要視し、ハートの思いに従うよりも、社会やコミュニティなどの基準や要求に従ってしまい、ハートの思いを無視してしまい、時として自分以外の人がハートの思いに従うことを邪魔してしまうこともある。**

・一時的な緊張や軋轢などの不快感を避けたい、苦しいからまたは面倒くさいから早くことを終わらせたいという思いが強く、**時間や労力を費やして、自分自身のハートの思いを大切にし、社会やコミュニティの基準や要求とその思いを調和させていく工夫をすることができない。**

いかがでしょうか？あなたにも当てはまるところはあるでしょうか？

もともとハートから分離してしまった「エゴ」は自分が求めることをすぐに得て満足したい、という思いを持っているので、このようなこころの癖は大なり小なり誰にでもあり、そのような癖や傾向に気づかないまま「幸せになれる方法」を探して、幸せになろうとしてしまいます。

その結果「楽」「努力をしない」「労力をかけない」「不快な思いや不安な思いをしない」「すぐに結果が出るように見える」など、「エゴ」が求めているものを満たしてくれそうな本やメソッドに目が行きやすくなり、そういったものに飛びついてしまうため、せっかく色々なことを実践したり、試してみたりしても、本当に求めていることが手に入らない、手に入れても何か満足できない（自分で気づいているかいないかはともかくとして）、本当に感じられるはずの幸せを感じられないという方が多くいらっしゃいます。

ハートが刻む時間は「個」の時間ではなく、「個と全体」が調和した「全体」の時間です。そして、ハートはそれぞれ命のリズムそのものを生きようとします。それは大自然や宇宙の営みのリズムに他なりません。

それに対して、マインドが刻む自分時間は相対的時間に基づいており、マインドがここがいいと思うタイミングでことを起こそうとするため、大自然や宇宙のリズムと同調しているハートとは対照的です。

種をまいてから愛をこめて忍耐強く手をかけて、お世話をし、時を待って、収穫をするというのと同じように、ハートの願いという種を蒔き、ハートが本当に望んでいる人生という果実を得ようと思ったら、愛を込めるのはもちろんのこと、労力や忍耐、待つことなどの努力も必要となります。

もちろんその種、つまりハートの願いについてきちんと知り、ハートの力を育てて活用していくことで、余計な労力や失敗というものを少なくすることはできますが、準備もなくパパッと種をまいて、労力もあまりかけず、失敗もなく、すぐに収穫したい！というのが現代の私たちですね。

つぼみができたばかりなのに、今その花を咲かせたいと思って、無理にその花を開こうとしたり、実をつけ始めた果実を今食べたいからといって大きくなる前に収穫してしまえば、その植物はだめになってしまいます。私たちは自分自身の人生の中で、このようなことを日々してしまっています。

ハートの力を目覚めさせて、ハートの思いに従っていけば、私たちが本当に望んでいることが、最善のタイミングで、最善の形で実現します。あなたのハートの力はどんなことも可能にする力です。ひとつひとつ大切に育んでいきましょう。

それでは次に、私たちという存在と私たちの体験する現実がどのように成り立っているのか、「私たちの仕組み」と「私たちが体験する現実の仕組み」について「ハート」についてのご説明も交えながらお話しさせていただきたいと思います。

私たちは、「存在の本質・魂」＋「ハート」＋「感情」＋「マインド（思考）」＋「身体」の5つの要素でできている

私たちはいったいどのような仕組みになっているのでしょうか?私たちを構成する要素はいくつかあるので、これからひとつずつご説明していきたいと思います。

私たちはすべて同じものからできている

⓪ すべての存在に共通する存在の本質

次ページの図1をご覧ください。まず一番下にある海のようなところは、私たちを含めた、**この世界に存在するすべてのものが生まれてくる源**であり、**あらゆる存在の根底にあるもの、「すべての存在に共通する存在の本質」**です。

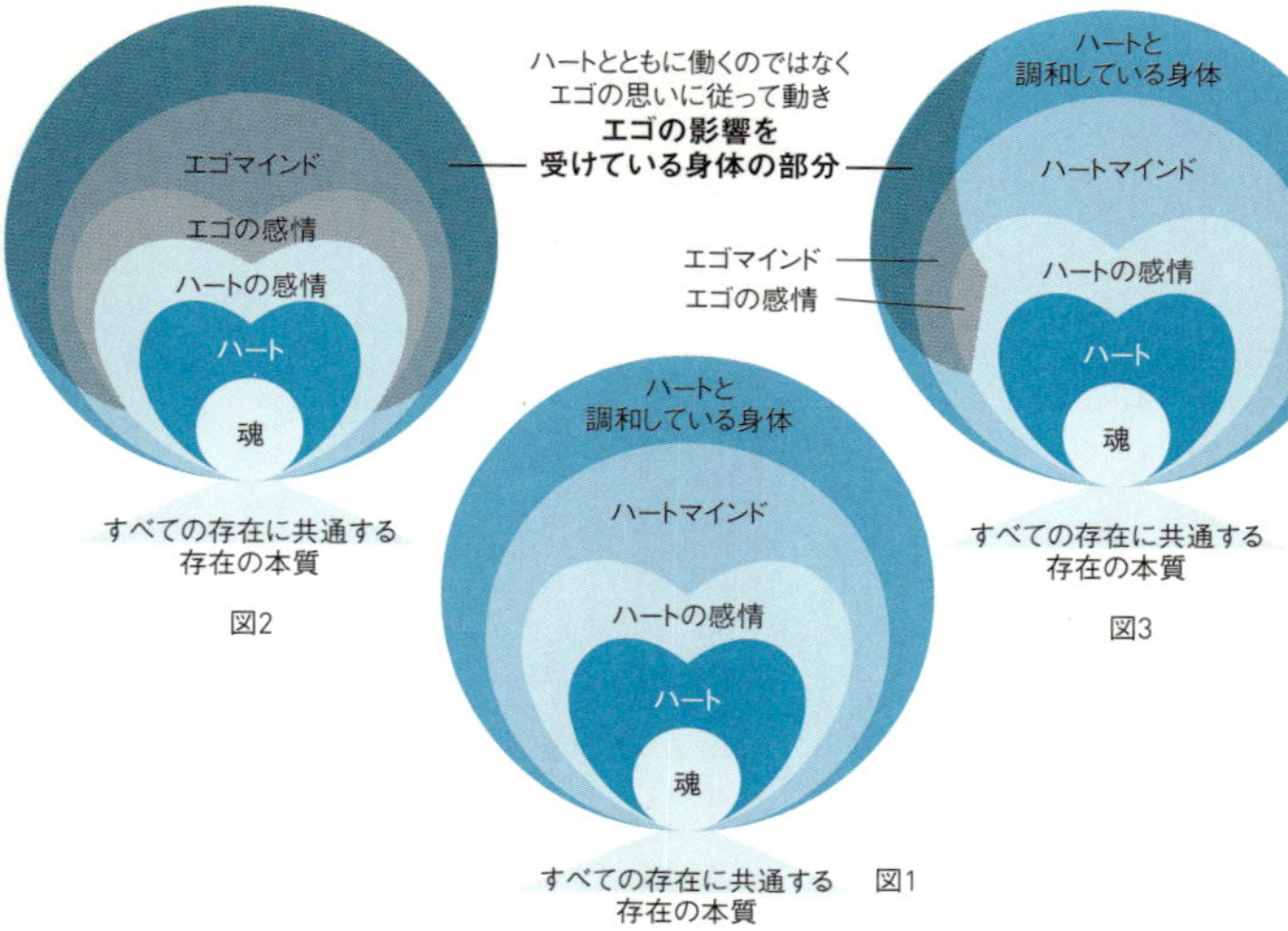

図2　図3　図1

少し難しい表現になりましたが、**この世界に存在するものはすべて同じ材料でできています。そして、この材料でいっぱいの海のような場から、この世界に存在するすべてのものが生まれています。**

この**「すべての存在に共通する存在の本質」が、あらゆる存在の「素（もと）」**なわけですね。これは物理的な側面からもそうですし、世界中のスピリチュアリティの伝統においてもそのように言われています。私たちも、動物も、植物も、この本も、海も空もこの宇宙も、**すべてのものが、このあらゆる存在の素（もと）でできている**わけです。

この世界や宇宙は、このすべての存在に共通する「存在の本質」で満たされていて、あらゆるものを創り出したり、維持したり、壊したりする「力」や「知性」を備えています。そしてこの「存在の本質」は「愛」そのものです。

この**「存在の本質」**を表現する言葉は人それぞれで、宇宙、森羅万象、大自然、神さま、大いなる力、大いなる知性、聖なる意識、あらゆるところに遍在する意識、あらゆるものの背後で働く知性、高次の力、高次の意識、神性、愛、光、粒子、量子、エネルギーなどなど……様々な名前で呼ばれています。

私自身はお話しさせていただく方によって、言葉を選んで使っているので、その場に応じて違った表現をすることが多いのですが、あなたはどのような言葉がお好きでしょうか？この本の中ではこの存在の本質のことを宇宙や神さま、光や愛など様々な言葉で表現していきますが、あなたのお好きな言葉に置き換えてお読みいただければと思います。

宇宙という海から生まれたしずくのような私たち

①魂

次に存在の本質の上に小さな円がありますね。これは私たちの「魂」です。海から生まれる水のしずくのように、**「すべての存在に共通する存在の本質」**が**「個別の存在」としての形を**

とったものを「魂（たましい）」と呼びます。

「魂」とは「すべての存在に共通する存在の本質」が個別性を持って存在して、活動する時の存在の本質、つまり**私たちが個別の命を持って存在する時の命の本質**です。

そして、魂は**「より深く、よりあらゆる側面から愛を知り、体験し、表現できるようになりたい」**という願いを持っていて、その願いを満たすことにつながるような目的を持つようになります。

また、すべての「魂」は「すべての存在に共通する存在の本質」の海から生まれているので、存在の本質と同じ性質を持ってはいますが、**それぞれの「魂」はそれぞれ固有の性質や目的を持っています。**

私たちの「魂」はこの広大な宇宙という海に浮かぶ泡のようなもので、この宇宙という海に存在するすべてのものとつながっています。それぞれの「魂」が目的を持ってこの広大な宇宙の海に存在しているのですね。そしてもちろん、私たち人間だけではなく、あらゆるいのちに「魂」が宿っています。

「魂」は、私たちが存在する理由や存在するための力などを内に宿した、私たち個々の存在の根本にあるもので、目的を果たすにあたり、独自のプランを持っています。そのプランは運命のようなもので、必要に応じて変更や修正もされます。そのプランが最善の形で実現できるようにハートが私たちを導いていきます。

ハートの役割

②ハート

魂をあらわす小さな円の外側に、ハートがありますね。これが「ハート」＝本当の自分自身です。この絵では「存在の本質」と「魂」と「ハート」は別々のもののように見えますが、本来は同じところに重なり合って存在しています。

「ハート」は私たちの「魂」の目的を果たすために、この世界でこんな表現をして、こんな体験をしたいというような様々な思いや願いを生みだします。

そして、思い（感情や思考）や感覚を通じて常に私たちに働きかけ、私たちが持つ可能性を最大限に発揮して、ハートの願いを実現し、体験できるよう、常に私たちを導いてくれています。

そして、愛を表現し、愛を体験するための様々な力を持っています。

また、ものごとの認識の仕方が絶対的で、何かと比較したり、過去の経験やデータなど何かを参照したりすることなく、直接的に認識する、直観的知性を備えています。

私たちがハートの願いを実現する方向に向かっている時、そしてあらゆる形で愛を表現し、体験するような在り方をしている時には、「ハート」は大きなエネルギーのフロー（流れ）を生みだします。そして、ハートからの思いや願いについてのビジョンやイメージを生みだし、私たちが体験する現実を創造していきます。

また、「ハート」はあらゆる真実を知っていて、あらゆるものとつながっていて、あらゆるものを生み出す、あらゆるものの根源にあるもので、あらゆるものとのつながりを感じさせ、真実を教えてくれます。そしてあらゆる制限や限界を超越する力を持っています。

そして、ハートの思いや願いには、魂の「より深く、よりあらゆる側面から愛を知り、体験し、表現できるようになりたい」という願いが反映されているため、ハートから生まれるあらゆる思いや願いの根底には「様々な形で愛を表現したり、感じたり、受け取ったりして、あらゆる形で愛を体験したい」という思いがあります。

少し難しい説明になってしまいましたが、すべてを理解できなくても、全く問題ありません。

「ハート」というのは、

「魂の目的を果たすために、様々な思いや願いを生みだして、私たちが持つ可能性を最大限発

揮して、本当に望んでいる人生を体験できるよう導いてくれる」

「私たちの愛を様々な形で表現したり体験することができるようにしてくれる」

そして、

「それによって、私たちは本当になりたい自分になれ、本当に生きたい人生を生きられるようになり、本当の喜びや幸福感や満足感を体験することができる」

のだと思っておいていただければ大丈夫です。

ハートから生まれる感情とマインドが生み出す感情

③感情　2種類

次に外側にまたもうひとつのハートがありますね。これは「感情」をあらわしています。感情には「ハートから生まれるもの」と「マインドが生み出すもの」の2つの種類があり、私たちは通常このどちらかを感じていたり、この両方を同時に感じていたりします。

ハートから生まれる感情は私たちのハートが本当に望んでいるものを知らせ、ハートの願いが実現する方向へと導いてくれ、図2、3にあるエゴマインドが生み出すエゴの感情はエゴが望んでいるものを知らせ、エゴの願いが実現する方向へと連れていこうとします。

ただし、どちらの感情も、その感情に気づいて感じ、そのもととなっている考えや信念に気づく、という作業をすることで、私たちのハートが求めているものを知ったり、ハートが求めているものを明らかにすることを助けてくれるパートナーとなります。

多くの場合、その感情に気づいて感じ切り、その感情が知らせてくれていることに気がつくと、感情はその役割を終え消えていきますが、

・同じような感情を生み出す現実が続く
・あまりにも大きく感情が動く経験をした
・過去に無視したり抑圧したりした未消化の感情がたくさんある
・現在感じている感情の奥に、また別の感情が隠れている
・エゴマインドの中に、繰り返し同じような感情をつくり出すような考えがある

といった場合は、同じ感情が繰り返し出てくることもあります。図2をご覧ください。

1 ― ハートの感情（内側の明るい方のハートの部分）

ハート（本当の自分）から生まれる、ハートの思いやシグナルとしての純粋な感情。ハートが求めているものや、真実や、現在の自分自身の状態を教えてくれるもの。

私たちがハートの思いに従って、ハートの望む方向へ進んでいるかどうか、ハートの願いを実現する方向へ向かっているかどうかを知らせてくれます。

2―エゴの感情（外側の暗い方のハートの部分）

ハートとのつながりを失って混乱した「エゴマインド」が生み出す、「エゴマインド」のシグナルとしての感情。「エゴマインド」が求めているものや、錯覚や、信じている幻想や思い込み、現在の自分自身の状態を教えてくれるもの。

「エゴ」の思いに従って、「エゴ」の望む方向へ進んでいるかどうか、「エゴ」の願いを実現する方向へ向かっているかどうかを知らせます。また「エゴの感情」に気づいて観察すれば、「エゴマインド」の中にある考えや思い込みや幻想に気づけたり、エゴの思いやエゴの欲望の奥にある、ハートが本当に求めているものに気がつけたりします。

マインドには２つの状態（働き方）がある

④マインド（思考）　２種類

次にまた少し大きめの円があります。これはマインドをあらわしています。「マインド」というのは分析的論理的な思考や知性のこと。時間や量などの数的な概念や、空間や物質などの物理的概念、物事や社会のシステムや法則など、様々な概念やシステムや法則を理解したり、それらを使って考えたりします。

分かりにくい場合は難しく考えず、シンプルに**思考や知性、頭、考えなどと言われているものを指していると思ってくださいね。**

ハートが絶対的に物事を認識するのに対して、マインドは相対的に物事を認識するので、何かと比較したり、データを参照したり、何かとの関係性の中で評価したりして物事を認識し、順序立てて情報を処理する、論理的知性を備えています。また、ハートが認識できるものや範囲が無限であるのに対し、認識できるものごとや範囲には限界があります。

私たちの中にある思いや願いを実現するために、この世界の物理的法則や社会的なシステムのもとで、「何を、どのような形で、どのような順序でしていけばいいのか」を見つけ出し、それを実行するために意志の力を使って、身体に行動を起こさせようとします。

ハートとつながってハートと調和している状態にある時は、ハートの願いが実現するように働き、ハートとのつながりを失って単独で働く状態にある時は、エゴの願いが実現するように働き、ハートの願いが実現することを妨げます。

Wifiと接続状態にある時と、そうでない時のような感じで、マインドはその状態によって、2通りの働き方をするということですね。その2通りの状態（働き方）を、別の名前で呼んだ方が色々なことが理解しやすいため、それぞれを、「ハートマインド」「エゴマインド」と呼んでいます。

1 ハートマインド（明るい方の少し大きめの円部分）

ハートとつながっていて、ハートとともに働くクリアなマインド。

ありのまま物事を認識し、真実を見ている。

ハートの思いに従って、ハートとともに働いてくれる。

ハートの願いを実現し、体験するために働いてくれる。

ハートの願いを実現するために、また、私たちが愛を表現し、体験するために、そして、あらゆるいのちやあらゆる存在が幸せになるために、必要なものは何か、どんな方法をとればいいのか、どんな順番で何をしたらいいのか、などを具体的に見出し、最適な選択や行動をするために、ハートとともに働いてくれます。

自分自身がこの世界のあらゆる存在とつながっているというハートの認識を反映しているため、安心感や信頼感などの肯定的な感情を生み出します。

2―エゴマインド（暗い方の少し大きめの円の部分）

ハートとのつながりを失って、ハートから分離した、混乱したマインド。

ありのまま物事を認識することができず、歪んだ認識を持ち、幻想にとらわれている。

ハートの思いを無視して、単独で働く。

エゴマインドが求めるものを手に入れるために働く。

エゴマインドが求めるものは、自分自身や自分自身が大切だと考える人だけの利益や幸せにつながることや、短期的な快楽を得たり、目の前の不快感や苦痛を避けたり、適切な時を待たず今すぐにエゴマインドの欲求を満たすことです。エゴマインドが求めているものを手に入れられない限り、ハートの願いを実現し体験するためや、あらゆるいのちやあらゆる存在の幸せにつながる選択や行動をするためには働いてくれません。

また、自分自身がこの世界のあらゆる存在から分離しているという認識（錯覚）を持っているため、疑いや不必要な恐れや不安などの否定的な感情を生み出します。

⑤身体

そして、一番外側に大きな円がありますね。これは私たちの身体をあらわしています。

文字通り私たちの物質的な身体、肉体のことです。

私たちのハートやエゴの願いを実現し体験するために行動し、それを身体で体験します。

ハートの思いに従うこともあれば、エゴの思いに従うこともあります。

エゴの思いに従ってしまうこともある身体ですが、もし身体がなかったら、この世界で私たちのハートの思いや願いを実現して、それを体験することはできません。身体は私たちが体験したいことを体験するための大切なパートナーです。

このように私たちは、**①魂、②ハート、③感情、④マインド、⑤身体**という様々な要素からできています。

この5つのうち、「感情」と「マインド」を合わせたものを「心」と表現したりもしますね。

私たちはこの5つの要素すべてを含めたものを「自分自身」だと思っています。そして、このすべてを使うことで、現実を創り出し、自分自身が創り出した現実を体験していきます。

「感情」と「マインド」と「身体」は、私たちのハートが求めていることを「実現し」「体験する」ためにある大切なパートナーなので、どれもバランスよく大切にしていくことが大切です。

次に、1、2、3それぞれの図についてご説明をさせていただく前に、今出てきた「エゴ」という言葉について少しお話しさせていただきたいと思います。

「エゴ」という言葉が意味するもの

「エゴ」という言葉はみなさんも普段からお使いになっていることと思いますが、この本のなかで使っている「エゴ」という言葉は、「エゴの感情」と「エゴのマインド」を合わせたものを指しています。**「エゴの感情」＋「エゴマインド」＝「エゴ」**というわけですね。

「エゴマインド」はハートとのつながりを失ったマインドで、「エゴの感情」は「エゴマインド」が生み出すものでしたね。**つまり「エゴ」というのは自分自身の中の、「ハートとのつな**

がりを失って分離してしまった部分」＝「分離した自分」です。

「エゴの感情」と「エゴマインド」は、もともとはハートとつながってハートの願いを実現するために一緒に働いてくれていた「ハートの感情」と「ハートマインド」だったものが、ある時ハートとのつながりを失って分離してしまい、ハートとは違った独自のものの見方をし、独自の思いを生み出して、独自の働きをするようになってしまったものです。ある時自分自身の一部が突然変異のように別のものになってしまったのですね。なぜそうなってしまったのかはまた別の機会にお伝えできたらと思います。

私たちが普段「これが私」「これが自分自身」だと思っている「私」や「自分自身」というものは、ハートから分離してしまった「エゴ（分離した自分）」の部分と、ハートとつながりハートと調和して働いている「本当の自分」の部分の両方を含んだものです。

あなたも日々「思いやりに満ちていて、安心感を感じている自分自身」と、「自分のことばかり考えていて、不安を感じている自分自身」といったように違った思いを持つ自分自身を体験していらっしゃるのではないでしょうか？　それらはそれぞれ本当の自分自身である「ハート」の特徴と、分離した自分である「エゴ」の特徴をあらわしています。

ハートとエゴ

私たちの「ハート」は、あらゆる存在とつながっていて、サポートしてくれていることを感じています。そして、自分自身を含めたあらゆる存在の幸せを願っているので、**あらゆる存在の幸せにつながる**ことが、**あらゆる存在にとって適切な時**に、**あらゆる存在にとって適切な形**で実現するようにという思いを持っています。

一方「エゴ」はハートとのつながりを失くして分離してしまっているため、あらゆる存在とのつながりや、サポートされているという感覚を感じられなくなっています。その結果、いつでも不安を感じていて、自分という孤立した存在がこの世界で安全に生きていけるように、自分以外の存在よりも、まずは自分や自分が大切だと考える存在の利益や幸せだけを考えています。

そして、自分や自分が大切だと考える存在の利益や幸せにつながることであれば、それが自分や自分が大切だと考える存在以外のあらゆる存在にとってどんな影響をもたらすことになろうが、自分が望む時に、自分が望む形で実現するようにという思いを持っています。

このようなご説明をすると「エゴ」というものに対してよくない印象を持つ方も多いのではないかと思いますが、私たちの「エゴ」は「自分はこの世界に存在するものから独立している存在だ」と思い込んでいるので、「あらゆるものが応援してくれるなんてことはないから、他の存在のことなんて考えずに自分のことだけを考えて、自分一人で何とか幸せにならないといけない」「自分を害するものがあるから、自分を守らないといけない」「自分の分を確保しないと自分の分がなくなってしまう」というような焦りと不安と恐れでいっぱいなだけなのです。

エゴもあなた自身の一部です。悪者にして毛嫌いしても消えて無くなるわけではありません。ある特定の状況下であなたが恐れや不安や脅威を感じた時に、あなた自身のこころや身体を守ろうして生まれてしまったものも多く、たくさんの勘違いや思い込みや幻想を持ってかたくなになり、おびえています。

エゴと仲良くするには、焦りと恐れと不安でいっぱいの人に接するように、まずは大騒ぎしているエゴの声に耳を傾けて、優しく諭したり、断固とした態度で厳しく接したり、また、時にはあえて無視したりとその時に応じた適切な対応をとってあげることが必要です。そうすることで、エゴが暴走することがなくなりハートの思いに気づきやすくなるため、よりハートの思いや願いが明確になりますし、エゴに主導権を握られることなく、ハートに従って生きていけるようになります。

また、**エゴの思いを感じてよくよく観察してみると、その奥には必ず純粋なハートの思いや願いが隠れています。**そういう意味ではエゴも私たちのハートの思いや願いに気づかせてくれる大切なパートナーのようなものなのですね。

色々とお話ししてきましたが、よく分からないなあ……という方は**「ハートは自分を含めたあらゆる存在の幸せを願っている」**、そして、**「エゴは自分や自分が大切だと考える存在の幸せだけを願っている」**ことと、「エゴの思いの奥には純粋なハートの思いや願いが隠れている」ということを覚えておいていただければ大丈夫です。

それでは、1、2、3の図についてご説明させていただきたいと思います。

まず、図1は、**⓪存在の本質、①魂、②ハート、③感情、④マインド、⑤身体のすべてが調和していて、ハートの思いや願いが実現するようにこの5つが一緒に働いている**様子です。このような状態の時、私たちはハートの思いに従って、ハートから夢を描き、ハートの願いを実現し体験する未来へとスムーズに進んでいくことができます。これは**本来の私たちの姿**です。

次に図2をご覧ください。図2には図1にはない部分がありますね。それは「エゴの感情とエゴマインド」です。ハートの願いを実現するための「ハートの感情とハートマインド」と、エゴの欲求を満たすための「エゴの感情とエゴマインド」が半分半分くらいになっています。

そしてよく見ていただくと分かりますが、**「ハートの感情とハートマインド」はハートとつながっていて、「エゴの感情とエゴマインド」はハートとつながっていません。**

私たちの多くがこのような状態になっていると思いますが、このような状態の時、私たちの感情とマインドは、ある時は「ハート」とともに働き、ある時は「エゴ」とともに働くという状態になってしまうため、「ハート」の思いに従うことが難しくなり、なかなかハートの願いが実現する方向へと進んでいけないことがあります。

この「ハートの感情とハートマインド」と「エゴの感情とエゴマインド」の割合がどのくらいかは人によって大きく差がありますし、日々の様々な出来事から影響を受けたり、その日の自分の調子によって、日々刻々と変化していて、一定ではありません。今日のあなたはどのような状態でしょうか？ぜひ日々観察してみてくださいね。

次に図3をご覧ください。図2のように「エゴ」の部分があり、「ハートの感情とハートマインド」はハートとつながっていて、「エゴの感情とエゴマインド」はハートとつながっていないというところは同じですね。ただし、こちらは何らかの理由で**「エゴ」の部分が小さくなって、ハートとつながっている部分がほとんど**になっていますね。こんな時**私たちの感情とマインドはほぼハートとともに調和して働いてくれています。**

このように、ハートから分離してしまったエゴの部分がさーっとまるで扉やカーテンを開けるかのように開いて小さくなっていき、ハートの光が放たれて、感情やマインドにハートの光が通っているような状態になっていき、**感情やマインドがハートと調和して働くようになる時、私たちは「ハートが開いている」という感覚を感じます。**

ハートが開いていく時私たちはより自由にハートから夢を描き、ハートの願いを実現し体験する未来へと進んでいくことができるようになり、より自由に愛を表現し、より愛を体験することができるようになります。ハートが完全にオープンで開いているのは図１の状態ですね。この状態にある時、私たちは本当に幸せで満たされている状態になります。

私たちという存在がどのような要素で構成されていて、どのような仕組みになっているのか、お分かりいただけたでしょうか？すべてを理解できなくても、何となく言っていることは分かる、と感じていただければ大丈夫です。この後に続く内容についても完全に理解しようとしたり、内容を覚えておこうと力を入れて読まずに、ゆったりとした気持ちで楽しんでお読みいただければと思います。

古代より語られてきたハートの秘密

それではこの章の最後に世界中の様々な国や文化の中で、ハートについてどのようなことが語られてきたのかということをご紹介させていただきたいと思います。

ハートをあらわす際に、ハートという言葉が使われていることもあれば、別の言葉で表現されていることもありますし、ハートの力については、ハートの力のひとつである、「愛」や「慈悲」や「思いやり」などといったよく知られている言葉が使われていることが多いのですが、あらゆる場所でハートについての智恵が伝えられています。

これをお読みいただくと、あなたも「今までに色々な形でハートの智恵に触れてきていたんだな」と感じていただけるのではないかと思います。

1―古代インド

まず、本書の最初にもご紹介させていただいた、紀元前2600年頃から文明が栄えていたという、長い歴史を持つインドに伝わる聖なるＶＥＤＡのウパニシャッド（奥義書）の中の一節をご紹介したいと思います。この中で「ハートの中には宇宙があり、ハートの中にはすべてがある」と述べられています。

ブラフマンの城、すなわち、身体の中にはハートがあり、
ハートの中には小さな白い蓮華の家がある。
ブラフマンとは人間の外にあるこの宇宙であり、
その宇宙はハートの白い蓮華の中の空間でもある。
そしてその空間は外の宇宙と同じく広大である。
その中には天と地があり、
火と風があり、太陽と月があり、
稲妻や星々がある。
この世において人が所有するもの、所有しないもの、
そのすべてがそこに存在している。

「チャーンドギア・ウパニシャッド」より

また、数ある天啓聖典の中には、古来こころの象徴でもあり、水とも深い関わりのある月、

そしてハートの象徴ともいわれる花、様々な形と性質を持ち、あらゆるものに命を与える水。それらの神秘的な関係と秘密を知るとハートが開くという、次のような美しく神秘的な祭詞が見られます。

水と花の秘密を知る時、
ハートは花開き、子孫と家畜に恵まれる。
月と水と花との間にある神聖で神秘的な関係を知る時、
ハートは花開き、子孫と家畜に恵まれる。

「クリシュナ・ヤジュルヴェーダ」より

2 ― 古代エジプト

古代エジプト人は心臓に感情、思考、意思、意向の座があり、知性は心臓に宿ると考えていました。また、誰かが亡くなった後、ミイラにするための処理をほどこす際に、脳は取り除かれ、心臓は残されました。それは、心臓が魂の重要な一部であると考えられ、脳よりも心臓が重要視されていたということと、死後に人が赴くことになるところにおいて心臓がとても重要なものであったからだそうです。

有名な「死者の書」の中で、人の心臓には生前にしたすべてのことが記録されており、悪事を働いてきた人の心臓は重いとされ、死後、死者の心臓は、女神マアトの羽とともにはかりにかけられて裁きを受けると書かれています。

そして、その羽よりも心臓が軽かった場合は、死者は楽園アアルに再生し、万が一、その羽よりも心臓の方が重かった場合は、過去に悪事を働いたということが分かり、アメミットという怪獣に心臓を食べられてしまい、死後永遠に復活できないと伝えられています。

脳ではなく、心臓に生前の行いが記録されていると書かれていますが、ハートにはすべてが記録されているとしているところが興味深いですね。

3―中東・アフリカ・ヨーロッパ

イスラム神秘主義のスーフィーの伝統では、ハートを通じて真理を知り、ハートを通じて神とひとつになると伝えられており、ハートがとても重要視されています。

また、スーフィーには数多くの聖者の方々がおられ、数々の奇跡を起こしたというお話がたくさん伝わっており、法学者の方々により研究されています。

レバノンに生まれカイロで学んだ法学者ナブハーニーがスペイン・アンダルス地方の神秘主義者イブン・アラビー師による書を引用しつつ解説した文章があり、その中にも奇跡とハート

（心臓）の関係についての記述があります。

その奇跡は、目、耳、舌、手、腹、女性の陰部、足など、その奇跡に関連する身体の部分によって様々な種類に分類されているそうなのですが、すべての奇跡はそれぞれの身体の器官に従属しているけれども、そのすべての器官は心臓に従属しており、それぞれの器官に関わるすべての奇跡は心臓に従属していると書かれており、奇跡を起こす上でもハートが重要であるということが書かれています。人の心を快活にしたり、まだ出現していない者の存在を知り得ることなどは心臓による奇跡だとされているそうで、ハートが他の人々に影響を与えることや、ものごとが起こる前にそれを予知する認識力についても書かれています。

4―それ以外の国々や文化の中

これ以外にも、世界各地でハートの智恵が古来受け継がれているというお話は数多くあります。

米国のスピリチュアリティの研究家ドランヴァロ・メルキゼデク氏は様々な民族の間に伝わるハートの智恵に触れておられ、その著書『ハートの聖なる空間へ』（ナチュラルスピリット）の中でニュージーランドのワイタハ・マオリ族やコロンビアのコギ族などの少数民族の人々の間にはハートでものごとを認識したり、ハートの言語でコミュニケーションをするなどの能力や、様々なハートに関する智恵とトレーニングが受け継がれていることを述べていらっしゃいます。

また、ユダヤ聖書の関連書の中にも、ハートの中の秘密の小部屋について書かれているものがあるそうですし、チベット密教における修行の中では、ハートの力である思いやりと慈悲を育むことに関する瞑想や実践がとても重要視されています。そして信仰する方が最も多いキリスト教においても、愛という言葉で表現されるハートの力を育むことがとても大切にされています。

これから先、たくさんの方々のハートが目覚めてくると、世界中に散らばっている深遠なハートの智恵をたくさんの方々が思い出し、すべての人がハートの力を使うことができる日がくるかもしれませんね。

それでは次の章ではハートの力が目覚め、ハートの導きに従うと、私たちの人生にはどのようなことが起こるのか？私たちの人生はどのように変化していくのか？もしハートの思いを無視してしまうとどんなことが起こるのか？ということについてお話ししていきたいと思います。

第2章

「ハートの力」が目覚めると何が起こるのか？

あなたがハートから動き、もはや物質による成功を求めなくなると、
あなたはただ、その行動を楽しむようになります。
それはパワフルになったということです。
そしてそのようになると、しばらくすると、突然、簡単に
物質的な豊かさが降り注ぐようになります。
しかし、あなたはすでにそれに必要を感じないでしょう。

エックハルト・トール

ハートの力が目覚めると何が起こるのか？

私たちのハートの力が目覚め、ハートの導きに従うと、私たちの人生にどのようなことが起こるのか？私たちの人生はどのように変化していくのか？もしハートに従わなかったらどんなことが起こるのか？あなたもそれを知りたいと思っていらっしゃるのではないでしょうか？

それについてお話しさせていただく前に、ハートがどんなふうに私たちを導いてくれるのかということを感じていただけるようなお話を少しさせていただきたいと思います。ここでのお話もまた、理解しなくては、覚えていなくてはと力を入れずにお読みくださいね。

ハートはどんなふうに私たちを導いてくれるのか？

1章の「私たちの仕組み」のところで、ハートは、私たちの魂の目的を果たすために、様々な思いや願いを生み出したり、ハートの願いが実現するよう導いてくれたり、大きなエネルギーのフロー（流れ）を生み出したりするというお話をさせていただきましたが、もう少し詳しくお話しさせていただきたいと思います。

私たちの魂の根底には**「より深く、よりあらゆる側面から愛を知り、体験し、表現できるようになりたい」**という願いがあります。

そして、私たち一人一人の魂はそれぞれ、魂の願いを満たすような独自の「目的」を持って人生をスタートします。

目的というのはこの人生でどんなことをしたいのかということですね。

魂の目的には２つの種類がある

そしてその目的には、

①あなたのこの人生におけるミッション（使命）や役割に関するもの。
②あなたのこの人生におけるチャレンジ（課題や学び）に関するもの。

という２つの種類のものがあります。

この2つの種類の目的を果たすために、ハートは様々な思いや願いを生みだすわけですね。

そしてこの2つの種類の目的のうち、ミッション（使命）や役割に関する目的の方は、**「何かをしたり、何かを表現することで、この世界をより美しく素晴らしいものにしたい」**というようなもので、**「外の世界に影響を与えて」「外の世界に変化をもたらしたい」**という要素が強いものです。

一方、学びやチャレンジ（課題や学び）に関する目的の方は、**「何かの出来事や状況を体験することで、気づきや学びを得て、意識を拡げ、自分自身を変化させたい」**というようなもので**「外の世界から刺激を受けて」「自分自身を変化させたい」**という要素が強いものとなります。

そしてそれぞれの目的の根底には、より深く愛を知り、愛を体験し、愛を表現できるようになりたいという魂の願いがあるのですね。

もし、このご説明があまり理解できなくても、この後のお話で少しずつ理解が深まってきますし、この先理解できなかったとしてもハートの力を育んでいくことはできますので、ここで理解しなくてはと考えず、気楽に読み進めてくださいね。

それぞれの目的の特徴を分かりやすくまとめると、

①あなたのこの人生におけるミッション（使命）や役割に関するもの。

「外の世界に影響を与えて」「外の世界に変化をもたらしたい」という要素が強い。

「何かをしたり、何かを表現することで、この世界をより美しく素晴らしいものにしたい」

というようなもの。

②あなたのこの人生におけるチャレンジ（課題や学び）に関するもの。
「外の世界から刺激を受けて」「自分自身を変化させたい」という要素が強い。

「何かの出来事や状況を体験をすることで、気づきや学びを得て、意識を拡げ、自分自身をより素晴らしい自分に変化させたい」というようなもの。


ということになります。

それではまず、1つ目のミッション（使命）や役割に関する魂の目的についてお話をさせていただきたいと思います。

ミッション（使命）や役割に関する魂の目的

私たち一人一人の魂は、独自の目的を持っており、同時に「テーマ」というものを持っています。そして、私たち一人一人がそれぞれ違った「性質」を持っています。

その魂の「目的」と「テーマ」とその方の「性質」が反映されたものが、「ハートからの思いや願い」となって生まれてきて、そのハートから生まれる思いや願いが、「ハートが本当に求めている人生」へと私たちを導いてくれます。

魂の「目的」×「テーマ」×「性質」が「ハートからの思いや願い」として生まれてきて、その思いや願いを通じて、ハートの願いが実現し、魂の目的が果たされるよう導いてくれるということですね。

そして、魂の「目的」と「テーマ」は私たちの持つ「才能」や「好きなこと」と関係しているものです。ハートの思いに気づいたり、ハートの願いを実現しようとする中で、私たちは自分自身の内にある才能に気づき、その才能を磨いて、その才能を分かち合うことによって、この世界にいい影響を与えることになります。

また、好きなことを楽しんだり、好きなことを追求する中で生まれたものを分かち合うことで、自分自身の人生や自分以外の人の人生を彩り豊かなものにすることができます。

魂の目的とテーマ

ミッション（使命）や役割に関する魂の目的というものは、細かくすべてのことが決まっているというわけではなく、わりと大雑把なものともいえるものです。ここで私たちそれぞれの魂の目的にはどんなものがあるのか、いくつかの例を挙げてみましょう。

例えば、

「芸術的な表現を通じて、たくさんの人々に喜びを与える」

「孤独を感じて苦しんでいる人の心を癒す」

「私たち人間の意識を変えるために、たくさんの方々に影響を与える」

「テクノロジーを使ってこの世界をより幸せで安全な場所にする」

「ただ存在するだけで、人を癒すような存在になる」

など、本当に様々な目的があります。

また、「ここに挙げたような目的を持つ方々をサポートすることで、喜んでもらったり、人の気持ちを癒したり、たくさんの方の意識を変えていく、この世界をよりよい場所にしていく」といった目的を持つ方もいます。

そして、「芸術的な表現を通じて、たくさんの人々に喜びを与える」というような魂の目的そのものも、「芸術的な表現を通じて、たくさんの人々に喜びを与えたい」といった形で、ハートからの思いや願いとしてあらわれてきます。その願いはあなたの人生の中で生まれる様々な願いの根底にいつもあるものです。そしてまた、その魂の目的を果たすために、ハートからは、それ以外にも様々な思いや願いが生まれてくるのですね。

それから、「テーマ」というものは、私たちの魂の「目的」を果たそうと歩んでいく人生という旅の中で、「自分自身がどんな在り方をしたいか」「どんなことに重きをおいて生きていきたいか」「どんなことを経験したいか」「どのようなことにチャレンジし取り組んでいきたいか」というような、こうありたいという姿や生きる姿勢、または方向性や目標のようなものです。自分自身のスローガンやクレド（信条や行動指針）、キャラクターのようなものとも言えますね。

テーマの例を挙げると、

「何かを探求する」
「この世界の美しさを楽しむ」
「人と分かち合うことの喜びを体験する」
「豊かさというものの意味を追求する」
「いつも元気で人に活力を与える」
「いつも人を受け入れて安らぎを与える」
「いつも人をインスパイアする」
「常に新しいことを体験して学ぶ」
「伝統的なものを受け継いでいく」

など、人それぞれ違ったテーマを持っています。

この「テーマ」というものはその方がもともとお持ちの性質にも関係しており、ご本人はあえて意識していないことも多く、「目的」と「テーマ」がほとんど一体となっているような方もいらっしゃるので、目的とテーマは別々でなければならないということはないのですが、分けて認識した方が分かりやすい場合もあるので、分けてお話しさせていただいています。もし一緒の方が分かりやすいという方はひとつとして捉えていただいてもかまいません。

目的とテーマは、私たちが旅をする際の目的とテーマと同じようなもの。この人生という旅を始めるにあたって、あなた自身の魂が設定した目的とテーマです。旅の場合も、目的とテーマがそれぞれ明確にある場合と、目的とテーマがほとんど同じという場合もありますね。

魂の目的が同じでも、テーマが違えば全く違った人生になる

例えば旅をする2人の方がいたとします。
旅の「目的」はお2方とも「フランスにある世界遺産のお城を見ること」。
そして、旅の「テーマ」はそれぞれ、

「その地域の風土や人々の生活に触れ、フランスを感じる」
「ラグジュアリーなホテルに宿泊したり、3つ星のレストランでお食事をしたりして、美しいものや一流の職人さんの技や哲学に触れる」

という違ったものだとします。

すると、目的を果たすためにハートから生まれてくる思いや願いは全く違ったものになり、同じ目的を持った旅だとしても、このお2人の旅は全く違ったものになりますね。

ここに「社交的」「静か」「計画的」「好奇心旺盛」「堅実」など、その方自身の「性質」という要素が加わると、ハートから生まれてくる思いや願いがまた違ったものになるため、より違った旅になります。

これと同じように、2人の同じような魂の目的を持つ方がいても、その方自身の人生の「テーマ」やその方がお持ちの「性質」が違っていると、魂の目的を果たすために、ハートは異なった思いや願いを生みだすため、全く異なった人生を生きることになります。

「魂の目的×テーマ」がその方の「人生のエッセンス（本質的要素・最も大切な要素）」となり、その方の「性質」が人生をさらにバリエーション豊かな、その方独自のものにしていくというわけですね。

これを私たちの人生にあてはめてみましょう。

「音楽を通じて、たくさんの人々に喜びを与えたい」という目的を持っている方が3人いたとします。

そして、それぞれがお持ちのテーマが「何かを探求する」「この世界の美しさを楽しむ」「いつも元気で人に活力を与える」というものだったとします（「性質」という要素を含めるとお話が長くなってしまうので、ここでは省略させていただきますね)。
するとそれぞれの方の人生のエッセンスは、

「音楽を通じて、たくさんの人々に喜びを与える」×「何かを探求する」
「音楽を通じて、たくさんの人々に喜びを与える」×「この世界の美しさを楽しむ」
「音楽を通じて、たくさんの人々に喜びを与える」×「いつも元気で人に活力を与える」

ということになりますね。
この人生の目的が同じ3人の方のハートがどんな思いや願いを生みだし、それぞれの方がどのような人生をおくるようになるかの例を挙げてみたいと思います。

同じような魂の目的を持つ3人が生きる3つの人生

ケース①

3人のうち「何かを探求する」というテーマを持っている方は、小さな頃から音や音楽が大好きで、小学校に入った頃から様々な音がする楽器の仕組みに関心を持ち、様々な楽器に触れてみたいという思いから、音楽教室に通い始めます。友達付き合いが苦手だったこともあり、放課後やお休みの日はその教室で長い時間を過ごし、ピアノの練習をしたり、様々な楽器に触れているうちに、打楽器に関心を持つようになります。やがて、さらに打楽器の演奏や打楽器について学びたいと考えるようになり、ピアノも弾け、楽譜も読めたことからと音楽大学を受験。そのまま大学院へ進み、自分自身も打楽器の演奏をしながら、世界中の打楽器を集めて研究し、音楽大学の教壇に立つようになりました。

ケース②

そして次の「この世界の美しさを楽しむ」というテーマを持った方は、子どもの頃ヴァイオリンの演奏を耳にして、その音色と楽器の美しさに魅了されます。そしてどうしてもヴァイオリンを演奏してみたいという思いから、ヴァイオリン教室に通うようになりました。ヴァイオリンの音や楽器の美しさにいつもこころをときめかせながら練習を続けた結果、みるみるうちに上達し、コンクールでもよく入賞するようになります。そしてそのまま大学に進学し、奨学金を得てオーストリアに留学します。

オーストリアでは素晴らしい先生の指導を受けヴァイオリンの技術を磨くことができ、演奏活動もできるようになっていきました。そんなある日母国の楽団からとてもいい条件で迎えたいとのオファーをもらいました。けれども、オーストリアの自然や建築の美しさに魅かれ、その美しさにずっと触れていたいという思いがあったことから、将来に何の保証もないオーストリアに残ることを選択しました。その後将来の道を模索しながら不安な気持ちで数年間過ごしているうちに、演奏家として認められるようになってきて、オーストリアに拠点を置き、オーストリアの美しさを楽しみながら、様々な国で演奏活動をするようになりました。

ケース③

そして最後の「いつも元気で人に活力を与える」というテーマを持った方は、小さな頃から歌を歌うことが好きでした。祖父母と過ごす時間が多かったことから、祖父母が好きな歌をよく一緒に歌っていました。いつも歌っていたいからと、小学校から高校までずっと合唱部に所属し、大学に入ってからはヴォーカルレッスンにも通い、歌に関わる仕事に就きたい。できたら歌手になりたいと考えていましたが、のどを痛めたことをきっかけに、プロになるというよりも、歌を聞いてくれた人が喜んでくれて、元気になってくれたり、誰かと一緒に歌うことによって、歌った方が楽しんでくれるような仕事をしたいと思うようになりました。

そんな中、大学の「歌うセラピー」という授業で子どもたちやお年寄りの方々と一緒に歌ったり、合唱の指導をするという機会があり、子どもたちやお年寄りの方々が本当に楽しそうに生き生きと歌を歌っているのを見て、これを仕事にしたいという思いが芽生え、「歌うセラピー」の経験を積んだ後、お年寄りの方々や子どもたちとともに歌を楽しむ「歌うセラピー」を仕事とするようになりました。

このように、ハートはその人の人生の目的が果たされるように、その人の人生の目的とテーマを反映した、その人だけの思いを生み出し、その人のハートが本当に望んでいる人生を生きるように導いてくれます。そしてその目的が果たされる方向に進んでいる時、そしてその目的が果たされつつある時、ハートが願っているような人生を生きている時、私たちは本当の意味での満たされた気持ちや幸福感を感じることができます。

人との比較やまねは、自分らしい形でハートの願いを実現するためにする

よく同じような魂の目的を持っている、いわゆる「成功している人」を見て、うらやましくなったり、劣等感を感じたり、不安になったりして、自分自身の持つテーマや、自分自身の性質をかえりみず、他の人が進んでいる道や、他の人のやり方をまねしてしまう方がいますが、そのような場合は、ハートの思いではなくエゴの思いに従っているため、つまずくことも多

く、たとえうまくいったとしても、自分自身が本当に望んでいる人生を生きていないので、幸福感や満足感を感じられないということになってしまいます。

もちろん、場合によっては、他の人と比較したり、まねをしたりすることによって、自分自身が本当に進みたい道や、自分自身がやりたいやり方がはっきりしたり、何らかのスキルが磨かれたり、知識が身につくということもありますが、本当の自分を失ってしまう方も多くいらっしゃるため、注意が必要です。

もし誰かと自分を比較したり、まねをしたりする時には、それが自分以外の誰かのようになるためではなく、自分の中にある才能を磨くことにより、自分のテーマや自分の性質に合った自分らしい在り方で、ハートの願いを実現するためにするということを忘れないようにしてくださいね。

今回挙げた3人の方の例は、それぞれの方の人生の過程を単純化しているので、困難やチャレンジにぶつかった時のことなどはあまり書いていませんが、もちろん人生には様々なことが起こります。そういった困難やチャレンジにぶつかった時、ハートの力が目覚めておらず、ハートの思いに従うことができないと、私たちはハートの願いを実現して、ハートが本当に求めている人生を生きることをあきらめてしまいそうになったり、場合によっては本当にあきらめてしまうこともあります。

あなたも人生の中で何かをあきらめそうになったり、あきらめてしまったという経験がたくさんあるのではないでしょうか?

けれども、私たちのハートから生まれる願いは、必ず実現できるようになっています。ハートの願いを実現して、私たちが本当に望んでいる人生をおくることによって、魂の目的を果たせるかどうかは、私たち次第です。

ハートの力を育み、ハートの思いに従って、順調に思える時も、困難やチャレンジにぶつかった時も、必要な行動をとっていくことによって、あなたの持つ可能性が最大限に発揮され、あなた自身の素晴らしさをこの世界と分かち合い、「あなたがなりたい自分＝あなたがなり得る最高の自分」になり、「あなたが生きたい人生＝おくり得る最高の人生」をおくることになります。

そしてそのように生きるあなたのハートのフィールドはとても大きいものとなり、地球上のどこにいようとも、存在するだけで、ご縁のある方々もそうあるようインスパイアし、励ます存在となり、この世界に大きな影響を与えていくことになります。

ハートはあなたが本当に望んでいる人生を創造し、世界をより美しい場所に変えていく、どんなものよりも強く、大きな力を持っているのです。

ハートの願いの種類

ハートは常にこの世界に、

「美しさや、喜びや、素晴らしいことを生み出したり、もたらしたりしたい」
「美しさや、喜びや、素晴らしいことを継承したり、維持したりしたい」
「美しさや、喜びや、素晴らしいことをもたらす変化を起こしたい」

という思いや願いを持っています。

この3つの思いや願いのうち、どれをよく感じているかは人によって違いますし、時と場合によっても変わります。

私たちはこの世界にすでにあるものを味わって体験するだけではなく、ハートが表現したいものを表現したり、創り出したいものを創り出したり、既にあるものを大切にしたり、この世界に変化を起こしたりすることによって体験できるものを、味わって体験したいという思いを持っています。

あなたの「ハート」はどうでしょうか？あなたのハートはどのような思いや願いを持っているでしょうか？時々時間をとって、あなたのハートの思いや願いを感じてみてくださいね。

この後、第3章でハートの力を目覚めさせ、ハートに従って、あなたのハートが本当に望んでいる人生を生きるためのレッスンをご紹介していきますので、ハートの思いや願いを感じるということについては、また第3章で詳しくお話しさせていただきたいと思います。

チャレンジ（課題や学び）に関する魂の目的

それでは次に学びやチャレンジ（課題や学び）に関する魂の目的について、お話しさせていただきたいと思います。

私たちは、今までお話しさせていただいた、この人生における「ミッション（使命や役割）に関する目的」とは別に、「チャレンジ（課題や学び）に関する目的」を持ってこの人生をスタートします。

先ほどのお話の中で、私たちが体験する人生について、「魂の目的×テーマ」がその方の人生のエッセンスとなり、その方の「性質」が人生をさらにバリエーション豊かな、その方独自のものにしていくというお話をさせていただきました。
これは、「ミッション（使命）や役割」に関する魂の目的についてのお話でしたが、ここにもうひとつの要素である、「チャレンジ（課題や学び）」が加わると、またさらに私たちの人生がそれぞれユニークなものになっていくのですね。

つまり、

ミッション（使命や役割）
×
テーマ×性質
×
チャレンジ（課題や学び）
↓
私たちそれぞれのユニークな人生

ということですね。

この「チャレンジ（課題や学び）に関する目的」というのは「外の世界から刺激を受けて」「自分自身を変化させたい」という要素が強く、「何かの出来事や状況を体験することで、気づきや学びを得て、意識を拡げ、自分自身を変化させたい」というものです。

この「チャレンジ（課題や学び）に関する目的」があることで、私たちは人生の中で様々な境遇や状態を体験し、それを通じて、様々な気づきや学びを得て意識を拡げ、変化し、成長していきます。

チャレンジ（課題や学び）に関する目的にはどんなものがあり、その目的によってどんな人生をおくることになるのか、例を挙げてみたいと思います。

例えば、ある出来事や状況を経験することで、「傲慢で思いやりに欠けた自分から、謙虚さや思いやりを持てるような自分に変わる」という目的をお持ちのAさんという方がいたとします。すると、その目的を果たすために、Aさんはこのような経験をするかもしれません。

「裕福な家庭に生まれ、幸せな幼少期を過ごしたAさんは、学業成績もよく名門私立大に進学して、大手広告代理店に入社。人生の中で大きな挫折を経験することもなく、他の人に対して優越感を持っていて、経済的に苦境に立たされている人々に対しても思いやりがない傲慢な性格だった。

しかし、40代に入って起業。その後事業に失敗したことから経済的に困窮するようになる。そのころ人から性格の傲慢さを指摘され、関係を切られてしまったというような経験をしたこともあり、あらためて自分自身を見つめることをした結果、自分自身の傲慢さや思いやりのなさに気づいて反省し、経済的に苦境に立たされている人々に対する思いやりや謙虚さを持てるようになった。

その後、人を大切にするということを心がけた結果、あらゆる方面から助けられ、もともと興味を持っていた分野で再度起業。その事業は繁栄し、素晴らしい伴侶を得て幸せな家庭を築いた」


Aさんの場合は、一見恵まれているように思える境遇にありながら、謙虚さや思いやり（ハートの力ですね）というものを身につけることができなかったため、その後の人生での辛い経験を通じて、謙虚さや思いやりを身につけるという目的を果たすことができました。

それではまた、別の方の例を見てみましょう。「自分自身の思いや、自分自身の素晴らしさを表現できるような自分になる」という目的をお持ちのBさんという方はこのような経験をするかもしれません。

「親の言うことは絶対であるというような、保守的で厳格な家庭に育ち、間違ったことをして親の機嫌を損ねないようにと、あまり自己主張をしないよう生きていく中で、ご両親の決めた方と結婚。しかしその結婚相手がとても自己中心的で暴力的な人であったため、うつ状態になってしまった。

その後カウンセリングに通うようになり、自分自身の思いを大切にしたり、自分自身の素晴らしさを表現することの大切さに気づき、もともと好きだった絵を描く時間をとったり、少しずつ自分の思いを表現するようになっていったところ、かえって結婚相手の暴力的な言動がさらに増し、離婚を決意。離婚後もカウンセリングに通い、より自分自身の思いを表現することができるようになった。

離婚を機に絵も本格的に学び始め、数年経った頃、絵を買いたいと言ってくれる人があらわれたことで創作に力を入れたところ、生み出す作品のすべてがたくさんの人々に喜ばれて評価され、アーティストとして活動するようになった」

Bさんは幼少期から自分自身の思いや素晴らしさを表現することができないまま大人になり、人生の中で、よりその傾向が強くなってしまうような辛い結婚生活を経験することになりました。その結果うつ状態になってしまい、それがきっかけで自分の人生を見直したり、自分が好きなことを始めたりする中で徐々に自分自身の思いや素晴らしさを表現することができるようになり、最終的には自分自身の中にあった才能を開花させ、自分自身も喜びを感じ、自分以外の方々にも喜ばれるような人生を生きることになりました。Bさんも様々な困難を経て、**「自分自身の思いや、自分自身の素晴らしさを表現できるような自分になる」**という魂の目的を果たすことができたのですね。

このお2人の例を見ていただくと、人生の中での体験を通じて、様々な気づきや学びを得たことで意識が拡がり、自分自身を変化させるという魂の目的を果たすことができたのだということが分かります。

このような苦しい体験は、エゴは望んでいなかったはずですが、魂の目的を果たすために様々な思いや願いを生みだす「ハート」に導かれ、ハートの力が目覚めていった結果、より喜びや幸福感を感じられるような自分自身に変わっていくことができました。

そして、お2人は今、ご自分自身のチャレンジ（課題や学び）を達成したことで、ご自分自身の才能を開花させ、その才能を分かち合うことによって、自分も自分以外の人々も喜びを感じられるような人生を生きていらっしゃいます。ハートの力を目覚めさせ、ハートに従って、生きていきチャレンジ（課題や学び）をクリアすると、エゴの好き嫌いの枠の中からでは想像すらできなかった自分に気づき、想像できなかったような人生をおくることになるのですね。

また、チャレンジ（課題や学び）をクリアすると、自分自身の中に眠っている才能とハートの力が目覚めていくため、よりよい形で使命や役割を全うすることができるということもよく起こります。

私たちは人生において大きな困難を経験する時、なぜこのようなことが起こるのだろう？と疑問に思うことがありますが、その理由が、あなたの人生の目的である「チャレンジ（課題や学び）」に関係していることもあります。

その場合、エゴが抱えている考えや感情などの心理的問題によって困難を経験しているわけではないため、そういったことを手放したとしても、チャレンジ（課題や学び）をクリアするまでは困難が続くこともあります。

ただし、そのチャレンジ（課題や学び）に向き合うことによって、私たちは、学び、気づき、意識を拡げて、自分自身を変容させ、より深く愛を知り、愛を体験し、愛を表現できるようになります。

そして、その変容が自分以外のあらゆる存在に肯定的な影響を与え、その変容の過程で得た智恵を自分以外の人々や世界と分かち合うことによって、自分以外の人々や世界の幸せに貢献することができるようになります。

その時私たちはエゴマインドの好き嫌いや、できるできないといった制限枠の中では想像すらできなかった自分に気づいて、想像できなかったような人生をおくることになります。

私たちはそれぞれ全く違ったチャレンジ（課題や学び）を持っていて、すべての存在が「自分自身を変容させ、その過程で得た智恵を分かち合う」ことによりこの世界に貢献しているので、このこと自体が私たちのミッション（使命）であるとも言えます。

またこのチャレンジ（課題や学び）については、後ほど使命や才能や役割についてのお話のところでも、触れていきたいと思います。

魂の目的やテーマに気づく人もいれば気づかない人もいる

自分自身の魂が持つ目的については、人生の早い時期からはっきりとわかっていたという方もいらっしゃれば、人生の後半になってやっと少しずつ分かってきたというような方もいらっしゃいます。

ただ、魂の目的がはっきりしてくるのは遅くても、テーマというものはその方の生きる上での姿勢なので、人生のはじめからその方の性質として表れていて、周囲の人から見るとよく分かるということもよくあります。

魂の目的については、何となくしか気づけないという方もいらっしゃいますし、それを特に意識していらっしゃらない方も多いのですが、気づいているかいないかは別として、私たちの魂は必ず目的を持っていて、私たちのハートは日々その目的が果たされて、私たちが本当に望んでいる人生を生きられるよう導いてくれているのです。

種が芽を出し、やがて花を咲かせるまではどんな花が咲くのかが分からなくても、種の内に備わっている力に導かれ、種の中に眠っている可能性を目覚めさせ、やがてなりたかった姿として花開くというのと同じです。

グループや会社などの組織にも魂やハートがある

今まで主に、私たち個人の人としてのお話をさせていただきましたが、グループや会社などの組織にも魂やハートともいえるものがあります。そして人と同じように魂の目的も、その目的を果たすために生まれるハートの思いや願いもあるのですね。

その組織の成功もその組織に属する方々の幸せも、その組織に所属する個人個人がその会社のハートに従っているかどうか、そして自分自身のハートに従っているかどうかがカギを握っています。

組織に属する時には、その組織のハートの思いや願いが、自分個人のハートの思いや願いとあまりにも合っていない場合、自分自身のハートが求めているものを実現するために、その組織での経験が必要だという場合を除いては、その組織に属していることで会社も自分自身もお互い苦痛を感じたり、あまりメリットがないというような結果になることが多いので注意が必要です。これは結婚についてもあてはまりますね。

ただし、合わないという思いが、自分自身のハートから分離している「エゴ」が生み出している思いである場合もあり、実はハートが望んでいる人生を生きるために必要なことがそこにあるという場合もあるので、そこもまた注意して観察してみてくださいね。

ハートの力が目覚めてくると、どのような場所にいても、常に自分自身のハートに従い、自分らしい在り方をしながら、あらゆる人に敬意を払いながら、周囲の人や環境にいい影響を与えていくということができるようになっていくので、その場所を去る必要がある時も適切なタイミングで、適切な形で去ることができるようになっていきます。

ハートの力が目覚めてきて、ハートに従うようになると、私たちの魂の目的はどこにいようとも、どんな状況にあろうとも、自然に達成されていきます。

ハートは私たちの本当の願いを叶えたいと一瞬一瞬働きかけてくれている

どんな人のハートも「本当の私たち自身」の「本当の願い」を叶えたいと思っています。そして今この瞬間も一瞬一瞬私たちに働きかけています。

けれども、せっかく私たちのハートが、私たちの魂の目的が達成されるように働きかけてくれても、ハートから分離しているエゴが生み出す思い（感情や思考）やそれによってつくられた習慣が、そのハートの働きをじゃましてしまうのですね。

ただ、どんなにじゃまされてもうまくいかなくても、「ハート」というのは私たちの魂の目的を実現するために存在しているものなので、常に私たちに働きかけてくれています。

そして「ハート」は私たちの限界のあるマインドの想像をはるかに超えた、「本当の自分自身」が「本当に求めている」未来へ導いてくれます。想像をはるかに超えているので、時には「え～っ⁉」とびっくりするようなところに連れていかれたり、絶対に行きたくないような方向に連れていかれたりもします（ただしそれは目的地にたどりつくまでの「途中」だけなのでご安心くださいね）。

それでも、ハートは限界のある私たちのマインドよりも、ずっと智恵に満ちた賢いものなので、ハートの力を目覚めさせて、マインドではなく、ハートに主導権を握ってもらい、ハートに従って、ハートが求めている行動をしていくということを続けていくと、あなたが想像もできなかったような、「なり得る最高のあなた」があらわれてきます。

そしてその結果、あなたがおくり得る最高の人生が目の前にあらわれてきます。ただし、先ほどもお話しさせていただいたように、その目的地に向かう道中はいつもこころ踊るような楽しいものであるとは限らず、むしろがっかりしたり、辛い思いをしたり、疲労困憊してしまうようなこともたくさんあります。

ハートに従って進んでいった結果、どんな道をたどることになるのか、それが最終的にどんな人生になるのかはハートにしか分かりません。しかも私たちのマインドの認識力には限界があるので、ハートが分かっていることをいつでもすべて認識できるとは限りません。

どんなところにどんな経験をしながらたどり着くのか分からないのに、ハートに従って進んでいくのは怖いと感じてしまいますが、ハートに従うことでしか、私たちは本当の意味での幸せや豊かさを体験することはできないのですね。けれどもハートに従って進んでいけば、「本当の自分」が「本当に求めていること」を実現し、体験する、あなたの想像をはるかに超えた、喜びに満ちた素晴らしい人生が約束されています。

ハートに従いたいと思っていても、どこに向かっているのか分からない恐れや、困難やチャレンジを避けたい思い、そして困難やチャレンジにぶつかった時にあきらめたくなる思い、こういった恐れや思いがエゴから生まれてきますが、ハートの力が目覚めてきて、ハートに従うということが習慣になってくると、こういったエゴから生まれる恐れや思いが少なくなり、その影響力が弱くなってきます。そのためにも様々なハートの力を目覚めさせ、育てていくトレーニングをすることがとても大切になってきます。

この本の「はじめに」の中で、ハートの力を目覚めさせ、ハートの導きに従うようになると、今よりももっと深い幸福感や満足感を感じ始め、あなたが本当に求めている人生が目の前にあらわれてくるというお話をさせていただきましたが、それは今までお伝えしてきたように、私たちという存在の根源的な部分である、魂の目的を達成するために働いてくれるのが「ハート」だからなのです。

チョコレートケーキがどうしても食べたいと思っている時に、おせんべいをいただいても満足できないように、ハートが本当に求めていることを実現し体験しないと、本当の意味での幸福感や満足感を感じることができません。

ただし、ハートはただ何かを得ることで幸福感や満足感を感じるわけではなく、魂の目的を果たすためにハートが求めている方向に向かっている時、つまりハートに従って行動している時や、ハートがこうありたいという在り方をしている時、そして、ハートが求めている人生を生きている時に幸福感や満足感を感じます。そこを忘れないようにしてくださいね。

もし私たちのハートの力が眠ったままだとしたら……

それでは次に、もし私たちのハートの力が眠ったままだとしたら、そして私たちがハートの思いを無視して、エゴの思いに従っていったとしたらどんなことが起こるのかということについて少しお話をさせていただきたいと思います。

ハートの力が100パーセント目覚めていない方というのはいらっしゃらないのですが、私たちのハートはまだまだ目覚めつつある最中です。これからお話しさせていただく内容にはあなたもきっと思い当たることがあることと思いますので、ご自分自身と照らし合わせて読んでみていただければと思います。

ただ、ひとつ注意していただきたいのが、ご自分自身と照らし合わせながら読み進めていただく際に、私もこういうところがあるから、まだまだハートの力を使うことができていないんだなと感じるのはいいのですが、それがあなたの本当の姿だとは思わないでいただきたいということです。

それはただ、あなたのエゴが表現されている姿なだけであって、本当のあなたが表現された姿ではないので、これからハートの力が目覚めていくにつれどんどん変わっていくのだということを忘れないように、読み進めていただければと思います。

もし私たちのハートの力が眠ったままだとしたら、そして私たちがハートの思いを無視して、エゴの思いに従っていったとしたら、どうなってしまうのでしょうか？

今までもお伝えしてきましたが、「自分自身の内にある可能性を開花させ、なりたい自分になる」ことや「自分自身の素晴らしさを分かち合う」ということができず、ハートが望んでいる人生を生きることができないため、幸福感や満足感を感じられなくなってしまいます。また、それ以外にも、喜び、安心感、豊かさ、生き生きとした感じ、情熱、落ち着き、穏やかさ、清々しさなど、私たちの幸福感と密接に結びついている感覚も感じられなくなってしまいます。また、ハートの力は、愛の力そのものであるため、愛を感じ、愛を表現し、愛を体験するということが難しくなってしまいます。

また、あらゆるものとのつながりを感じられず、「人との連帯感」やそれによって得られる「安心感」を感じられなくなってしまうため、「自分自身の持っているものや、自分自身の素晴らしさを人や世界と分かち合おう」「誰か他の人やこの世界のために何かできることをしたい」

「誰かが喜んでくれることが嬉しい」というような思いもあまり感じられず、ますます幸福感や満足感が感じられなくなってしまいます。

いかがでしょうか？常にこういう状態というわけではなくても、あなたもこのような状態になることがあるのではないでしょうか？

もう少し続けて他にどんなことが起こってくるのかリストアップしてみたいと思います。

・自分自身で人生を創り出しているという感覚がなくなり、自分自身の人生が、自分以外の人や外の世界に翻弄されているように感じてしまいます。
・自分自身の人生に責任を持つことができず、自分の感情や考えや、自分が体験していることの責任が、自分以外の誰かや自分以外の何かにあると感じ、被害者意識が生まれてきます。
・自分自身や人を含めた、あらゆるいのちや環境や社会に対する思いやりや配慮や敬意がなくなり、あらゆるいのちの幸せにつながるようなことを考えたり、行動したりすることができなくなります。
・起こる出来事に意味があるということや、起こる出来事は幸せになるためのギフト（恩寵）であるということが感じられなくなります。

・自分自身や他人をありのまま受け入れることができず、人と比べて優越感を持ったり、劣等感を持ったり、人に対してジャッジをしたりするようになります。
・他者に誠実な関心を寄せて思いやったり、時間をかけて理解しようとしたり、広い視野で物事を見るということができなくなり、自分自身の考えや言動が、周囲の人にとってどんな印象や影響を与え、周囲の人がどんな気持ちになり、どんな現実を生み出しているのかということには意識が向かず話題にすることもない一方、他の人の言動が周囲の人にどんな印象や影響を与え、自分や誰かがどのような気持ちになり、どのような現実が生まれているかということにばかり意識が向いたりそればかりを話題にしたりしてしまいます。
・色々なことを知っていて分かっていると思い込んでしまい、周囲の人からの意見やフィードバックを求めようとしなかったり、意見やフィードバックがあっても耳を貸さなくなってしまいます。
・人の思いや考えに鈍感になり、人の思いや考えに誠実に思いを寄せたり、じっくりと耳を傾けたり、熟考することができず、自分の思いや考えばかりを押しつけてしまうばかりか、それに気づくことができなくなってしまいます。
・人や様々な状況を理解しようとする努力ができず、理解していないのに、理解していると思い込んで発言したり批判したりするようになります。

・自分自身が幸せかどうかを、何が得られたかで決めるようになり、何かが得られたり思い通りにいった時には気分がよくなり、そうでない時にはとたんに気分が悪くなります。
・与えることやシェアすることよりも、自分が何を得られるかということに意識が向いてしまうようになります。また、自分の言動が人にどんな影響を与えているかに気づかず、独りよがりになってしまいます。
・長期的、全体的、包括的な視野でものごとを見ることができず、短期的、短絡的、局所的、限定的な偏った視野でものごとを見るようになり、自分や自分以外のいのちや存在の本当の幸せよりも、今ここで安心したり満足したり何かを得るために行動してしまうようになります。
・ハートから表現することができず、エゴから表現するようになります。
・自分の表現していることがエゴの表現だということに気づかず、人の思いを軽んじたり、人を傷つけたりして、他の人のハートの願いが実現することをさまたげてしまいます。
・ハートではなくエゴが求めているものを手にしてしまい、それが評価されたり、成功してしまうと、ますますハートの求めているものから遠ざかってしまいます。
・あらゆることをリラックスして楽しむことが難しくなってしまいます。
・欲しいものをすぐに手に入れようとし、手に入れるために必要な努力をしたり、適切な時期を待つということができなくなってしまいます。

・体験しなくてもいい問題や心身の病気など、あらゆる困難を経験するようになります。

このようにたくさん挙げてみましたが、もちろんまだまだあります。こうして見てみると、私たちが感じている辛さや苦しみや問題は、ハートの力を目覚めさせることでなくなっていくのだということがお分かりいただけるのではないかと思います。

これからハートの力を育てていく際に、このリストにあるような状態になっていたら、ちょっと一呼吸おいて、「あ、自分自身のハートと向き合う時だな。ハートの力を育てていこう」と思っていただければと思います。

ハートの思いを無視した時、私たちに何が起こっているのか？

ハートの思いを無視して、ハートが望んでいる方向とは違う方向に進んでいく時、私たちの中でどのようなことが起こっているのでしょうか？

そんな時、まずハートは即座にもともと目指していた場所に向かおうと軌道修正しようとします。ハートはとても柔軟性があり、常にこの瞬間から現実を創り出そうとするので、道がそれたとしてもすぐに仕切り直して、今いる地点からまた、本当に望んでいる方向へと向かおうとするのですね。

ただ、私たちがそれでもハートが望んでいる方向に戻ろうとしない場合、ハートが向かいたい方向から離れようとする力、ハートのフローに抗う力が、抵抗や、葛藤や、ストレスを生み出します。

そんな時の私たちは、ハートと感情とマインドと身体が協調せずバラバラに動いている状態で、私たちの心と身体は余計なエネルギーを使って疲弊していきます。そして、あまりに長い間そんな状態でい続けると、心身ともに病気になる、といった結果を引き起こします。

そしてハートに従わないという状態が長くなり、末期になってくると、あまりにエゴの思いに支配されすぎていて、ハートに従おうとする時こそむしろ、抵抗や葛藤やストレスを生むというような状態になってしまいます。

ただし、もちろん気づいてはいないものの、ハートに従わないことによって生まれるストレスも感じているので、「ハートに従うなんて怖い！そんなことしたら大変なことになってしまう」というストレスと、「ハートに従いたいし、本当の幸せを感じたいのに、違う方向に進んでしまってる」という2つのストレスを抱えているわけなのです。

こういう状態にある方はとても多く珍しいことではありません。あなたも身に覚えがあるのではないでしょうか？

不安や恐れから、自分の安全や自分の利益になることばかりを考えてしまう人は、人のことを優先させようとすると、すごくストレスを感じてしまいますね。ただ、こういう場合も、ハートに従うまでは苦痛を感じても、一旦ハートの思いに従って行動してみると、とても幸せで満たされた気持ちや安心感を感じるので、これが正しいんだと感じられるようになっていきます。

これはあらゆるパターンに当てはまるので、抵抗を感じてもハートに従って進んでみるということは、よりハートに従って生きていけるようになるためにはとても重要なことだと言えます。

時として、がんばって勇気を奮い立たせなければできないようなことをするようにと、ハートが伝えてくることもあると思いますが、小さなことから練習していけば、今の自分にはちょっと難しいと思えることもできるようになっていきます。

日々の生活の中で、ひとつずつ丁寧にハートの思いに耳を傾け、ハートに従うという練習をしていきましょう。

マインドは悪者なのか？

ここでよく誤解されがちで、よくご質問をいただく、「マインドは悪者なのか？」ということについてお話しさせていただきたいと思います。

私たちの仕組みのところでもお話しさせていただきましたが、マインドはこの世界でハートの思いや願いを実現するために、「何を、どのような形で、どのような順番でしていけばいいのか」ということを見つけ出してくれる役割をしてくれているので、決して悪者ではなく、ハートの思いや願いを実現するためのとても大切なパートナーなのですね。ただし「マインド」は大切なパートナーではあるのですが、マインドの種類によっては、私たちのハートの思いや願いを実現するためのパートナーではなくなってしまう場合もあります。

ハートとつながっていてハートとともに働いてくれる「ハートマインド」に従うことは幸せになるためにとても有益なのですが、「エゴマインド」に従ってしまった場合は、一時的な快楽やいい気持ちを味わえることはあるものの、永続的な本当の意味での幸福感や満足感は得られないため、遅かれ早かれ失望を味わうことになり、そこでまたあらためてハートが本当に望んでいることは何なのかをハートに問い直して進んでいくことになります。

もちろん、そういった紆余曲折から多くを学んだり、それらが人生を味わい深いものにしてくれるという部分もあるのですが、ハートに従うということの大切さを知っていて、ハートに従いたいという思いがあるのなら、わざわざ遠回りをせず、最初から本当の幸福感を得られる方向へ進んでいけたらいいですね。

ここで先ほどお話ししたスタンフォード大学の思いやりと利他精神の研究教育センターの所長であるジェームズ・ドゥティ博士のお話をご紹介したいと思います。


ドゥティ博士は心臓外科医でもあり、心臓神経学の研究者でもある方なのですが、とても貧しい家庭で育ち苦労の末に医師になられたそうです。貧しかった子どもの頃に、ある方から成功し幸せになるための秘訣を教わり、その秘訣を実践してどんどん成功していったのですが、教わったことの中でハートの力を育てることだけをおろそかにしてしまった結果、自分が持つあらゆるものを失うという本当に辛く苦しい体験をすることになりました。

その体験を通じて、ハートの力の重要性と、ご自身のハートの思いに気づくようになり、人生をハートに従って再構築していった結果、本当の幸せとこころの安らぎを手に入れて、現在は思いやりや慈悲や、利他精神などのハートの力を育てるための教育プログラムを提供していらっしゃいます。

その体験が書かれた『スタンフォードの脳外科医が教わった人生の扉を開く最強のマジック』（プレジデント社）という書籍が出版されており、ドゥティ博士が、ハートの力を使うことをしないままマインドだけを使ってあらゆることを実現し、あらゆるものを手に入れた後すべてを失い、その不幸のどん底から、ハートに従って生きることで本当の幸せと安らぎを得るまでの軌跡が書かれています。

この本の中ではハートのアルファベットと称して、思いやりや感謝や尊厳などのハートの力について触れられており、博士の心臓神経学の専門家としてのハートと心臓についての様々な知識にも触れることができ、まるで物語を読んでいるようで読みやすく、ハートの力の大切さを感じられる素晴らしい本なので、ぜひ読んでみてください。

博士のように、地位や名声や富を手にしても、幸福感や満足感を感じられないという方はたくさんいらっしゃいます。地位や名声や富というほど大げさなものでなくても、あなたも夢を実現し、何かを手にしたのに、一時的にはいい体験ができ、いい気分を味わうこともできたけれど、本当の意味での幸福感や満足感は感じられなかったという経験をされたことがあるのではないでしょうか？

何かを得ることではなく、ハートの力を育て、ハートに従うことでしか、本当の満足感や幸福感を感じることはできないのではないかということは多くの方が何となく感じていらっしゃると思いますが、まだ漠然とした感覚でしかないという方も多いと思います。

このドゥティ博士のようにとても苦しく辛い経験をされた場合は、ハートに従わなかったことによって苦しみを経験しているということが分かりやすいのですが、物質的にもまあまあ恵まれていて、あまり生活に不自由することのない状態で過ごしていると、そこまで苦しく辛い経験はしていないため、「何となく不安」とか「何か満たされない」というような感覚を感じながらも、

「このままとりあえず何も問題が起きなければいい」
「面倒でおっくうなことはしたくない」
「変化が怖い」
「今楽しんでいるものや環境を手放したくない」
「人の役に立つということよりも、楽で平和でそこそこ楽しければいい」

というような感じで日々を過ごしているうちに、激しい症状がない慢性病のように鈍感になってしまい、本当に幸福感や満足感を感じていないということにすら気づいていない方も多

いと思います。大なり小なり私たちにはこのようなところがあるのではないでしょうか？

「ハートの思いに気づこうとせず、おろそかにしてしまったこと」
「エゴが求めていることを簡単に手に入れられてしまったこと」
「エゴが求めていることを追いかけることに忙しく、ハートの願いを実現するためにハートの力を育てて使うということをしてこなかったこと」

などがその理由のひとつとしてあげられますが、ハートの力が目覚めてくると、より深い喜びや満足感や幸福感を感じられるようになり、「今まではハートの思いを無視していたんだな」「あんまり満足感や幸福感を感じていなかったんだな」ということを感じるようになってきます。

ハートの力が目覚めれば目覚めるほど、ハートに従えば従うほど、どんどん満足感や幸福感を感じられるようになるので、楽しみにしていてくださいね。

ハートの力が目覚めると私たちはどうなるのか？

それでは、次にハートの力が目覚めると、私たちがどうなっていくのかということについてお話しさせていただきたいと思います。

あなたが本当に求めていることが分かってくる

ハートの思いに耳を傾けるようになると、今まで気がつかなかったあなた自身の本当の気持ちに気づくようになり、どんな自分になりたいのか、どんな人生を生きたいのかといったことがだんだん分かってくるようになります。

そうすると日々の選択や、時間やエネルギーの使い方が、あなたが本当に望んでいる人生を生きるためのものになってくるため、あなたの毎日がどんどんあなたが本当に望んでいるものに近づいてきます。

あなたの中の無限の可能性が花開く

そして、ハートは、時として今までそんなことは無理だと思い込んでいたことをやるようにと伝えてきたり、エゴが絶対にやりたくないと思っていることをやりたいと伝えてきたりします。そのハートの思いは、ずっとずっとあなたのこころの中にあったのに、あなたが耳を傾けようとしなかった思いです。

そんな時、その声を無視しないで、一歩を踏み出すことによって、あなたの中にある無限の可能性が花開き始めます。今まであなた自身の内にあったのに、かえりみられなかった才能や美しさが育ち始めるのです。

私たちは自分で思うほど自分自身のことや、才能を分かっていない

私たちは自分自身のことを、自分で思っているほど分かっていないので、自分自身がどのような才能を持っているのかということについてもぼんやりとしか分かっておらず、**自分が持っ**

ている才能のほんの一部しか使わずに生きています。日常、本当の自分自身であるハートの思いを感じることなく、バタバタと過ごしていればなおのことそうです。

私たちが持っている才能を、色鉛筆に例えると、そこに100色の色鉛筆があったとしても、使っていない色の存在を忘れてしまっていたり、不快な思いをしたり、失敗しないようにという思いから、**使い慣れた色だけを使って絵を描いている**のに似ています。

あなたの中には使うのが難しそうな色（才能）や、嫌いだとか不要だとか思い込んでいる色、以前使ってみたら人から批判された色、使ったことのない色、何回か使ってみてうまく使うことができなかった色など、**使われることのない色がたくさん眠っています。**けれども私たちのハートは、ハートが好きな色を使って絵（人生）を描きたいという思いを持っていますし、その色を使うことで人から評価されたりいい気分になれたりするような色だけでなく、**ハートの思いや願いを表現することのできる色（才能）を使って絵を描きたいと思っています。**

もちろん、すべての色を使わなければいけないわけではありませんし、数色だけ使うことが悪いわけではありません。ハートがそれを望んでいるのならそれでいいのですが、ハートが使いたい色があるのに、その色がなかったことにされていたり、毛嫌いしていたり、使うのを躊躇しているのはもったいないことですね。

使ったことのない色にチャレンジしてみて、どんなふうにその色を使えばより豊かな表現ができるのか、より美しい作品が描けるのか試してみることで、あなたの内にある可能性が開花して、人生がより彩り豊かに、そして文字通り豊かになっていきます。

あなたのハートが使いたい色を使って人生を描けば、あなた自身も喜びを感じられ、あなたにご縁のある方々も、あなたのハートの思いのままに描いた美しい絵に触れ、喜びを感じることができます。そしてそんな絵で満ちあふれる世界はとても美しいものになりますね。

自分自身の限界を決めつけ、過小評価している私たち

往々にして、私たちは自分自身の限界を決めつけ、過小評価しがちです。100色もの色鉛筆を持っているのに、数色しか持っていないと思い込んでいたり、自分の青色はあんまりいい色じゃないと思い込んでいたり、自分には100色も使えないとか、100色使ったとしても上手に使えないから大した絵は描けないと思っていたり、様々な形で自分自身のことを過小評価しています。

けれども、**私たちは100色どころか無限の色を自由に使うことができます。勝手な思い込みや、決めつけ、恐れやあきらめからその色を使うことができなくなっているだけです。**思い込みや、決めつけや、恐れをすぐになくすことはできなくても、まずは、あなたのハートの

思いを感じてみることからはじめてみましょう。

ハートが発揮したい才能は、ハートに従えば必ず最善の形、最善のタイミングで花開く

最初から**あなたのハートが使いたいと願う色（才能）を上手に使うことができなくても、失敗ばかりが続いても、ハートがその色を使いたいと願っているなら、ハートの思いに従っているうちに、いつか必ず、最善のタイミングで、その色を使って美しい絵が描けるようになります。**

どのような経験を経て、どのような訓練をすれば、ハートが描きたい絵（人生）を描けるくらい、その色（才能）を上手に使えるようになるのかは、ハートだけが知っています。そしてそのスピードや出来栄えは人と比べられるものではありませんし、人が評価することもできません。

なぜなら、あなたのハートが描きたい絵がどんな絵なのかは、あなたと本当のあなたを知る人にしか分からず、あなた以外の人がその絵を描くということはできませんし、どの色をどんなふうに使えるようにならなくてはいけないのか、どのくらい上手に使えるようにならなくてはいけないのかということは、あなたのハートが描きたい絵によって違ってくるため、他の人と比べることは不可能だからです。

あなたが本当に望むことを体験し、実現し、表現することが人生の目的

あなたの人生の目的は、あなたのハートが望むことを体験して、実現して、表現することです。それをすることなくしては、あなたが本当の意味で喜びや満足感や幸福感を感じることはできません。

そのためにはハートが望んでいる色を、ハートが望んでいるような使い方で使い、ハートが望んでいる絵（人生）を描いていくことが必要です。

そうするうちにあなたは、あなたがなりたい自分である、「あなたがなり得る最高の自分」になっていき、あなたが生きたい人生である、「あなたがおくり得る最高の人生」を体験することになります。

今から少しずつでも、ハートの声に耳を傾けて、ハートが使いたいと思っている色（才能）があることに気がついたなら、その色を使う練習をしてみてください。その「少しずつ」がいつかあなたの人生を大きく変え、あなたの想像を超えた未来へと連れていってくれることになります。

ハートの力が目覚めてくれれば、恐れや不安や疑いがあっても大丈夫

それでも、「私に何か才能なんてあるのかな？」「あったとしてもそれを発揮できるよう育てることができるのかな？」「本当に私がなりたい自分になることなんてできるのかな？」というような不安な思いや、疑いが出てきてしまうことがあると思いますが、私たちの中にエゴの思いがある以上、それは自然なことです。

そんなエゴの思いが私たちのハートの願いが実現するのをじゃましてしまうことも確かにあるので、エゴとどんなふうに向き合っていけばいいのかは後ほどお話しさせていただきたいと思いますが、ひとつ覚えておいていただきたいのは、不安な思いや疑いがあったとしても、ハートの願いが実現しないわけではない、ということです。

不安な思いや疑いがあったとしても、常にハートの思いに従って行動し続ければ、ハートの願いは必ず実現するようになっています。

この宇宙や世界を動かし、様々な現実を創り出すことに関わっている要素はたくさんあるため、「引き寄せの法則」や「因果応報の法則」などのようなひとつの法則だけを取り上げて、この宇宙に起こっていることや、私たちが体験する現実が、どうしてそのようになっているの

かを一言でご説明することはできませんし、私たちの限界のあるマインドでそれを理解することはできません。

ただし、ハートの願いというものは、必ず実現するようになっています。あなたがハートの思いに従って生きていくことで、この先ハートの願いがどんどん実現し、それが本当であるということを体験することができます。不安や恐れや疑いの気持ちが湧いてきても、ひたすらハートの思いに従うということを続けていってくださいね。

また、ハートの力が目覚めてくると、恐れや不安や疑いなどのエゴの思いがあったとしても、それほどその思いが力を持たなくなってきて、ハートに従って行動しようとする時にじゃまをされることもなくなっていきます。

そして、もし外の世界にハートの思いに従うことをさまたげるような何かがあったとしても、それをうまく乗り越えてただただハートに従って進んでいくことができるようになっていきます。

ハートの力を目覚めさせ、ハートに従って生きていくうちに、あなたをじゃまするものがどんどんなくなっていくのですね。

「一時的な喜び」から「永続する喜び」へ 「幸せになる」から「どんな時も幸せ」へ

ハートに従ってハートが望んでいる人生を生きている時、私たちは深い喜びや満足感や幸福感を感じるようになります。その感覚は何かを得たから得られたり、何かを得られた時にだけ感じられるというようなものではなく、本当の自分自身を生きることで感じられるものであったり、愛を表現したり、愛を体験することで感じられるものです。

そしてそれは外の世界によってもたらされるものではなく、あなたのハートから湧き上がってくるものなので、自分自身のハートの思いを大切にし、ハートに従って生きていくことにより、一時的にではなく、永続的に感じられるようになっていきます。そして「幸せになる」という在り方から、自然に「どんな時も幸せ」という在り方に変化していきます。

すべてがギフト（恩寵）だと感じられるようになる

私たちのハートは、私たちが出会う出来事にも、与えられるものにも、善悪や優劣はなく、すべての体験がギフト（恩寵）であるということを知っています。私たちのエゴの目から見ると、とてもそれがギフト（恩寵）であるとは感じられないことも多々ありますが、ハートの力を使い、ハートの思いに従って行動していると、すべての体験が私たちの本当の幸せにつながっているということを体験できるようになっていきます。

日々私たちが出会う体験は、それぞれ様々な箱に入って私たちのもとに届けられ、こころ踊るような箱から、受け取るのが怖い箱まで本当に色々な箱がありますが、すべてがギフト（恩寵）ボックスなので、その箱を開けさえすれば、そこには本当の幸せに導いてくれる恩寵が詰まっています。

ハートの力を目覚めさせ、ハートに従うことで、どんな箱が来ても、その箱を開け、すべてをギフト（恩寵）として受け取ることができるようになるため、人生がギフト（恩寵）で埋め尽くされていき、すべてがギフト（恩寵）であるということを知るようになります。

どんな問題も困難もハートの力が解決してくれる

ハートというのは私たちのマインドよりもずっと智恵に満ちており、自分自身を含めたあらゆる存在にとっての最善の解決策を見つけ出し、最善のタイミングでそれを実行することができるように導いてくれます。

ただし、その解決策やそれを実行するタイミングは、私たちのエゴが気に入らないものも多々あります。それでも工夫を重ね、時を待ち、ハートが見つけ出してくれた解決策をハートが知らせるタイミングで実行することができれば、その問題は長い目で見て自分自身を含めたあらゆる存在の幸せにつながる形で解決していきます。

問題や困難が訪れると、私たちはどうしても主に限界のあるマインドの力を使って力ずくで何とかしようとしてしまうので、問題や困難が訪れた時にはこころを鎮めてハートの声に耳を傾け、ハートの力を使っていくことが大切です。

「ハートの力」は「愛の力」なので、どんな時も愛を表現し、愛を体験しようとします。そのため、どんな問題や困難を解決する過程でも、愛を表現し体験することができるようになり、結果として問題や困難自体が愛を表現し体験するための素晴らしい機会となります。そうなってくると、私たちの人生のすべてが愛を体験する機会となってくるのですね。

ハートの力を目覚めさせ、ハートに従って生きていくとどうなるのか？

それでは最後に、ハートの力を目覚めさせ、ハートに従って生きていくとどうなっていくのかということを色々な表現に触れて、感じていただけるようリストアップして、次の章に進んでいきたいと思います。

現在のあなたの状態や、置かれた状況によって、ハートやマインドに響く表現が違うので、同じようなものも含めてたくさんリストアップしてみました。数が多いのでさらっと読んでいただいても大丈夫ですが、あなたの未来を垣間見ることができるリストでもありますので、ぜひあなた自身の未来を感じながら楽しんで目を通してみてください。

・移り変わる外の世界や、世間の価値判断、人の評価、物理的社会的な損得ではなく、自分自身が本当に求めているもの、最高の可能性を選べるようになっていきます。
・誰かのまねではなく、本当の自分自身を生きることができ、自分自身が本当に求めている人生を生きるようになります。

・あらゆる出来事や経験を、そこから学んで成長し、より幸せになるためのギフトとして受け取れるようになり、そこから自分自身が得たことを、周囲の人々や世界への素晴らしいギフトにしていけるようになります。
・幸福感が増し、満たされた気持ちや安らぎを感じられるようになります。
・問題や困難に圧倒されることなく、落ち着いて対処することができ、問題や困難から学び、変容し、成長して、より素晴らしい人生をつくり上げることができるようになります。
・自分自身のハートから生まれる願いを形にするために、情熱を持って毎日を生きることができるようになります。
・自分自身の才能や可能性を発揮して大切な人々や世界と分かち合うことができるようになり、その結果として豊かさがあふれる毎日をおくることができるようになります。
・喜びや愛あふれる人生をおくることができます。
・ハートに従って生きる人々に囲まれ、心地のいい人間関係を楽しむことができるようになります。
・あなたの内にある才能と可能性が開花して、喜びとあらゆる形の豊かさがあふれる毎日をおくることができるようになります。
・あなたにとって本当に必要なものとそうでないものが分かるようになります。

・あなたが本当に求めているものや、本当に必要なものがすべて、最善のタイミングで最善の形で与えられ、必要のないものは自然に離れていきます。
・ハートの力以外のあらゆる力を最善の形で伸ばし、活用することができるようになります。
・自分自身や現実をエゴの視点からゆがめて見るのではなく、ありのまま見られるようになります。
・自分自身の才能や素晴らしさを最大限発揮して、喜ばれるような場に身をおくことができるようになります。
また、どのような場所にいても自分自身の才能や素晴らしさを分かち合うことができるようになります。
・自分自身がよりよい自分自身や本当の自分自身になるために、自分自身の思考や言動や在り方に注意深く意識的になり、謙虚に積極的に人からのフィードバックを求めるようになります。
・謙虚にハートを開いて話を聞いたり学んだりでき、自分自身が知らないことに気がつくことができます。
・自分自身の素晴らしさをより感じられるようになり、自分に自信が持てるようになります。
そして、自分以外の人の素晴らしさをより感じられるようになり、人間関係を楽しめるようになります。

・自分自身も相手も尊重しつつ、相手を深く理解する努力をして理解した後に、伝えるべきことを伝えられるようになります。

・人やあらゆるものとハートからコミュニケーションをとるようになり、深いレベルで理解し合えるようになります。

・結果や評価にとらわれずに自分自身が信じることや愛することを選択し、行動に移せるようになります。

・他者やあらゆるいのちや、自然に対する理解力と共感能力が深まり、思いやりの気持ちが持てるようになります。

・人や動物や自然など、この世界に存在するあらゆるものに敬意を持ち、大切にし、傷つけることのないような在り方をするようになります。

・この世界の素晴らしさと美しさをより深く味わい楽しめるようになります。

・どんな困難や失敗も、プラスに変える力が身につきます。

・あなたが本当に求めていることをあきらめないで実現する忍耐力とやり抜く力が身につきます。

・あらゆる経験や出来事をギフトとして受け取り、より幸福感あふれる人生を創り出していけるようになります。

・自分自身や自分以外のすべての人やすべてのいのちにとって最善の選択ができるようになります。

・人や世界からネガティブな影響を受けるのではなく、自分自身がよい影響を与えられるようになります。

・すべてのものとすべての出来事に感謝して、喜びの中で生きることができるようになります。

・自分自身の才能を発揮して、他の人の人生やこの世界をよりよいものにするために貢献できるようになります。

・自分の理解を超えた大自然や宇宙や神さまというものについての畏敬の念や感謝の気持ちが大きくなり、理解が深まります。

このように本当にたくさんのいい変化があなたの人生に起こることになります。

もちろん起こる変化を挙げていけばキリがなく、もっともっとあるのですが、これからあなたがハートの力を目覚めさせていくにつれ、あなた自身がご自身の人生の中でそれを感じられるようになっていきますので、小さな変化も大きな変化も楽しみながら、ハートの力を目覚めさせるレッスンを続けていっていただければと思います。

そして、先ほどもお伝えしたように、ここに至るまでには、「本当にもうこれ以上は無理」とか、「もう勘弁してください。とっくに限界を超えてボロボロなのに」などと思うような問題が起こったり、時としてそれが数年どころか、長年にわたって続くことにより、心身が疲弊してしまって、こころや身体を痛めてしまったりすることもあるかもしれません。多かれ少なかれ、人生の中で誰しもこのような経験をしていると思いますが、あなたもこのような経験をされたことがあるのではないでしょうか?

それでも、どんなにどん底のように思える状況にあろうとも、ハートの力を目覚めさせ、ハートに従って生きていけば、そういった辛さや苦しみを補って余りある、幸福感と満足感あふれる素晴らしい人生を生きられるようになります(エゴではなくハートが、休憩したりその状況から退避するようにと伝えている場合はハートに従ってくださいね)。

また、目の前に自分のハートが求めている人生につながるチャンスがあらわれたとしても、「絶対これは私には関係ない」と感じて素通りしてしまったり、「こんなの全然やりたくないけど……」などと思って適当にやってしまって、時間を無駄にしてしまい、あとからそれが大切だったと気づき、大回りしてしまったと感じるようなこともあるかもしれません。気づくまでの年月が長ければ本当に悲しい思いをしてしまうこともあると思います。

むしろそういったことはよくあることで、これもほとんどの方が経験されていることと思います。

けれども、どんな状況にあろうとも、どこからでも、いつからでも、ハートの力を育てることができ、ハートに従って生きることができます。それによってどのような人生になるのかは、今までお伝えしてきた通りです。

ハートの力を目覚めさせ、ハートに従うことにより、あなたは「本当になりたい自分＝あなたがなり得る最高の自分」になっていき、本当に実現したいことを実現し、本当に体験したいことを体験する「本当に生きたい人生＝おくり得る最高の人生」を生きるようになります。

第3章からは、いよいよあなたの内にある大きな力、「ハートの力」を目覚めさせ、あなたの「ハート」に従って、あなたのハートが本当に求めている人生をハートから創り出す方法をお伝えしていきたいと思います。

喜びと豊かさと奇跡に満ちた、幸福感あふれる満たされた人生をハートから創り出していきましょう。

パート

2

「ハートの導き」に従って、あなたが本当に望んでいる人生を創り出す

ハートは愛によってのみ調弦できる
千本の弦を持つ楽器である。

ハーフィズ

ハートの力を目覚めさせる あなたの旅がはじまります

それではハートの力を目覚めさせるレッスンを始めていきましょう。
ここからあなたの「ハートで生きる人生の旅」が始まります。

ハートの力を目覚めさせ、育てていくということは、本当のあなた自身の思いに気づき、それを大切にするということ。そして、あなたの持つ可能性を開花させて、この世界と分かち合い、喜びと豊かさと幸福感に満ちた、あなたが体験し得る最高の人生を生きていくということです。

旅の間に起こることや出会うもののすべてをハートで感じて味わって、楽しみながら一緒に進んでいきましょう。

ハートの力を目覚めさせるレッスンを始める前に

ここで、レッスンを始める前に、常に覚えておいていただきたい心得について、いくつかお伝えしておきたいと思います。

ハートのペースを信頼し、あらゆるいのちのリズムと調和して生きる

心得①「ハートのペースを信頼し、あらゆるいのちのリズムと調和して生きる」

ハートについて学び、ハートの力を目覚めさせ、ハートに従って生きていくということは、自分自身やあらゆるいのちが刻む時を生きるということです。先を急ぐと、分かったつもりになってしまったり、大切なものが壊れてしまったり、大切なハートの声を聞き逃したりと、ど

こかにひずみが出てしまいます。

同じ時期に種を植えても、いつ芽を出すかはその種の性質や、それ以外の様々な要因次第。その種は最善のタイミングで最善の形で芽を出します。それと同じように変化は最善のタイミングで最善の形で訪れます。

「急いで先に進みたい」「思うように結果が出ないのは不安」というような焦るエゴの思いに急かされて、学びを急ぐことなく、ハートの思いに従って、あらゆるいのちのリズムと調和して進んでいってくださいね。

劇的に変化する人、ゆっくりと変化する人、変化のスピードは人それぞれです。あなたのハートを感じながら、あなたのハートのペースを信じて歩いていきましょう。

今この瞬間からすべてが始まるということを常に意識する

心得②「今この瞬間からすべてが始まるということを常に意識する」

あなたは今までどのような人生を歩んでこられましたか？

あなたはあなたのことをどのような人間だと思っていらっしゃいますか？

その答えがどんなものだとしても、あなたはハートの力を目覚めさせて、あなたがなりたい自分になり、あなたが生きたい人生を生きることができます。

あなたがどんな人になり、あなたの人生がどんな人生になるかは「今」のあなた次第。この一瞬一瞬にあなたは確実に未来を創り出しています。今までがどのような人生だとしても、過去が「今」あなたの人生を創り出すことはできません。

私たちは幸せになるために必要な力をすべて持っており、その力を発揮するのは「今」この瞬間です。私たちに与えられた最大の力は「この瞬間から始められる、この瞬間にハートから創造し始めることができる」ということ。過去がどうであっても関係なくこの力を発揮することができます。

条件も環境も能力も過去も関係ない

ハートの願いが実現するのを邪魔しているのは、私たち自身のハートから分離した「エゴ」ですが、それはあなたが「過去」に創り出したものです。しかもエゴは「本当の自分」ではありません。

私たちは「今この瞬間」に意識を向けることができるし、未来は過去の延長線上にあるものではなく、今この瞬間につくるものです。

自分自身の過去がつくり出したエゴに影響を受けたり主導権を握られがちでも、「今この瞬間」に意識を向け、今この瞬間のハートの思いに気づき、それに従うことで徐々に「今」現実を創り出す力が育ってきます。

過去の自分の延長線上にある自分自身に対するイメージを手放しましょう

過去の自分の姿についてよくよく考えたり、今の自分の姿を認められず前に進めない時は、「その時の自分にはそれしかできなかったのだから仕方がない」「今前に進もうとしていることが素晴らしい」と認めてあげて、過去や自分自身に対するジャッジを手放しましょう。そして、「これからの自分と自分の未来は今この瞬間に生み出すもの」だということに意識を向けて、過去の延長線上にある自分自身に対するイメージも手放しましょう。

過去の自分はその時の精一杯を生きていただけ。その自分をジャッジする必要はありません。あなたは今ハートの大切さに気づきはじめました。その気づきを与えてくれた過去と、過去の自分に感謝してさよならを言いましょう。それによってあなたは過去から学び、過去を力にして変わっていくことができます。

過去がどんなものだったとしても、今あなたのハートが求めているものが、本当の自分自身や宇宙や神さまとの約束であり、本当のあなたの運命なのです。

この瞬間の力に気づき、一瞬一瞬ハートの力を発揮すれば、あなたが本当に求めている人生が目の前にあらわれてきます。今この一瞬を大切に、この「一瞬」の力を最大限活用しましょう。

この一瞬の力はすさまじく大きな力です。そしてこの瞬間から創り出すこれからのあなたの人生の方が、過去のあなたの人生よりもよほど大きな力を持っています。

過去の失敗や、今までの自分を振り返って落ち込んだりくよくよしてしまう時には、「今この瞬間からすべてが始まる」ということを思い出し、ハートの思いを大切にし、ハートに従ってただただあなたが望む人生をこの瞬間から創りつづけていきましょう。

ハートの力を育てることの大切さを忘れない

心得③「ハートの力を育てることの大切さを忘れない」

ハートの力を目覚めさせようと思っているのだからあたりまえじゃないかと思われるかもし

れませんが、これが意外と難しいのです。あなたも今までに経験されたことがあるのではないかと思いますが、人生を変えたい、今の苦しみから逃れたいと思う時、私たちはすぐに効果がありそうなものに次から次へと飛びついてしまう傾向があり、じっくりハートの力を育てていくということができなくなってしまうのです。

ハートと向き合って、ハートの力を育むことを怠ってしまいそうになったら、本当の自分自身である「ハート」を大切にし、「ハートの力」を育むことで、あなたが本当に望んでいる人生を生きることができるのだということを思い出してください。

幸福感というものが水で、私たち自身がプールだとすると、**ハートの力を育てずに幸せになろう**とすることは、穴のあいたスプーンで泉の水をすくってプールをいっぱいにしようとするようなもので、**ハートの力を育てて幸せになろう**とすることは、ポンプで泉の水を吸い上げてプールをいっぱいにしようとするようなものです。そして、ハートの力が育ってくると、やがてプール自体が泉になり水が湧き出てくるようになります。

「はじめに」でも書かせていただきましたが、私は今までに、長年あらゆることを学んで実践しているのに、ハートの力を育てるということをしていないせいで、「本当に自分自身が望んでいる人生を生きていると感じられない」「安心感や幸福感をなかなか感じることができない」という方々や、ある程度幸せだと思えるところまで来たら歩みを止めてしまうという方々にたくさんお会いしてきました。

そういった方々が陥りやすい傾向については、後ほどまた詳しくお話しさせていただきますが、「ハートの力」が目覚めているかどうか、「ハートの声」に従っているかどうかが幸福感と満足感を得られる人生をおくるための必要条件であり、大きなカギを握っているということを忘れずにレッスンを進めていってくださいね。

22の力をバランスよく育てる

心得④「22の力をバランスよく育てる」

1章でもお話しさせていただきましたが、私たちのハートが本当に生きたい人生を生きるためには22の力すべてが等しく大切です。けれども、私たちが使う力には偏りがあり、その結果、自分自身が本当に望んでいる人生を生き、深い喜びや幸福感を感じるということができないという方がたくさんいらっしゃいます。

例えばハートの思いに耳を傾け、ハートに従って行動しようとしたとしても、ハートの力のひとつである「思いやりと慈悲の力」が育っていなければ、「相手のことをもっと思いやろう」

というハートの思いがあったとしても、その気持ちに気づくことができなかったり、たとえ気づいたとしても、ハートの思いに従うのではなくエゴの「忙しいからまた時間ができたら相手のことを考えればいい」などという思いに従ってしまう可能性があります。

このように、育っていないハートの力があることで、私たちが本当に望んでいる未来へと導いてくれるハートに主導権を握ってもらい、私たちが生きたい人生を生きるということができなくなってしまうのです。そうなると当然私たちが本来感じられるはずの幸福感や満足感や安心感を感じられなくなってしまいます。

そして、逆にいえば、使っていなかったひとつの力が育ってくると、私たちが生きたい人生を生きる力がぐっと増し、日に日に、幸福感や満足感や安心感を感じられるようになっていきます。

どの力をよく使えているかは個人差もあり、どの力を重要視しているかにも個人差がありますが、使っていない力が育ち始めると、あなたが想像する以上にあなたのものの見方や感じ方が変わり、人生が変わり始めます。

人によってはひとつの力を育てようとしてもなかなかうまくいかず、面倒くさくなったり、この力はまあまあ使えていると思い込んで、育てることをやめてしまったりということもよくあります。もし全く使っていない力や途中で育むことをやめてしまった力があることに気づいたら、その力にも意識を向けて、育むということを始めてみてください。あなたの想像を超えた変化が、あなたの自身とあなたの人生に起こり始めます。

マインドや感情を鎮める習慣を身につける

心得⑤マインドや感情を鎮める習慣を身につける

あまりにもハートから分離したエゴマインドやエゴの感情が活発に働いている時には、私たちの意識はエゴにばかり向いてしまい、ハートの思いに気づいたり、ハートの力を育てたり発揮したりということが難しくなってしまいます。

また、ハートの思いのあらわれとしてのマインドや感情であっても、それが活発に働きすぎると、ハートから静かに浮かび上がってくる様々な思いに気づきにくくなってしまうため、**ハートの思いに気づき、ハートの力を目覚めさせて育てるためには活発に活動している「マインドと感情を鎮める」ことが大切**です。

そのためには、マインドや感情を鎮めるための方法を見つけ、それを実践する習慣を身につけることが大切です。マインドや感情を鎮めることがハートの思いに気づき、ハートの力を育んで発揮するための準備になります。

マインドや感情を鎮めるために効果的なことはたくさんあり、すべてをご紹介することはできないのですが、あなたがやりすいものを選んで練習をしてみてください。

様々な方法の中でも、メディテーション（瞑想）は最も手軽にできてとても効果的なものなので、ぜひメディテーションを習慣にしていただきたいと思います。

また、メディテーション以外にも何かに没頭したり、スポーツをしたり、大自然の中で自然を感じながら過ごしたりといった方法も効果的ですし、食べ物や生活習慣などを変えることもとても役に立つので、いろいろな方法を試していただくといいと思います。

実際に練習を始めていただくと分かると思いますが、メディテーションは自分自身のこころの状態を整える上で即効性もあり、生活の質も改善するため、短期的にも得られるものが大きいのですが、長期的に実践することによって私たちを大きく変え、私たちが認識できる以上の大きな恩恵を得ることになります。

既にメディテーションを実践しているという方もいらっしゃると思いますが、メディテーションの種類によって、実際に行われていることや、その結果得られるものは全く違うものになります。新しいメディテーションにトライすることで、新たな気づきを得ることができるので、ぜひ楽しみながらじっくり取り組んでみてください。

新しいメディテーションを試してみたいという方や全くメディテーションをしたことがないという方のために本書の特典としてPDFと音声をプレゼントさせていただいていますので、入手してご活用いただければと思います。書籍の巻末をご覧ください。

感情やマインドを鎮める練習というものが、地味で単調なものに思え、ハートの力を育てるレッスンを先にしたいと思われる方もいらっしゃるかもしれませんが、続けていくと、こころが鎮まって安らぐ心地よさを感じられるようになります。これから先の学びを進めていく上でとても大切なエクササイズなので、ハートの力を育てるトレーニングとともに練習を進めていってください。

すべてのものをハートで味わい、ハートで味わえるものだけを選択し、手に入れる

心得⑥すべてのものをハートで味わい、ハートで味わえるものだけを選択し、手に入れる

あなたが日々の生活の中で、何をする時も、何を見る時も、そのすべてをハートで味わうと

いうことはとても大切なことです。

お茶をいただいて味わう時、美しい景色を見る時、お風呂に入る時など日常のひと時もすべてをハートで味わってください。また、普段何気なく見ている近所の景色や、使っているペンなどの特にすごく美しいとかとても好きなどという感覚を持っていないものもハートで味わってみてください。そして、勉強をする時、誰かとおしゃべりする時、緊張感を持ってしなければならない仕事をこなす時、そんなすべての瞬間をハートで味わってください。

慌ただしい毎日の中で、私たちはついついハートで味わうことなく、マインドや身体だけで適当に何かをしたり、何かを見たりしてしまっています。あなたのハートとのつながりを失って、「マインドだけ」「身体だけ」で何かをしたり何かを見ることなく、ハートで味わいましょう。

これを続けていくと、ハートのあらゆる力が目覚めてきて、あらゆるものの美しさを深く味わって喜ぶことができるようになります。そして、あらゆるものが最善のタイミングで、最善の形で、あなたのために存在しているということが分かるようになり、この世界のすべてから降り注がれる愛を感じられるようになります。

そして、あなたが何かを選択する時や何かを手に入れる時は、必ず、エゴマインドやエゴの感情や、エゴの影響を受けている身体の要求を満たすためのものではなく、ハートで味わえるようなものだけを選び、ハートで味わえるようなものだけを手に入れるようにしましょう。

このようなことを続けていくと、あなたの周りにあるものがすべて、あなたが本当に愛し、ハートで味わえるものばかりになっていきます。

どんなことも、どんなものも、どんな瞬間も、ハートで味わい、ハートで味わえるものだけを選択し、手に入れるようにこころがけて日常を過ごすようにしてください。

ハートの力を目覚めさせて、ハートの願いが実現する未来へ

それでは、私たちがハートの導きに従って、自分自身が本当に望む人生を生き、望む未来を創り出すための、3つの基本的な力（44ページ、グループ1）のうち、

ハートが求めていることを知らせようと呼びかけ、ハートが求めている方向へ、導き、突き動かす力。

と、

ハートからイメージやヴィジョンを生み出し、現実を創り出す創造力。

を目覚めさせ、育むためのレッスンをはじめていきたいと思います。

このレッスンを通じて、1つ目のハートの力である、「ハートが求めていることを知らせようと呼びかけ、ハートが求めている方向へ、導き、突き動かす力」を活用して、ハートの思いに気づき、ハートが望む未来へと導いてもらうこと。

2つ目のハートの力である、「ヴィジョンやイメージを生み出し、現実を創り出す創造力」を使って、ハートからの思いや願いとともに生まれるヴィジョンやイメージを通じて未来を創り出すこと。

この2つのことを身につけて、あなたが本当に望んでいる、喜びと幸福感に満ちた人生を創り出していきましょう。

それ以外のハートの力については、今回詳しくお伝えすることができないのですが、まずはしっかりとこの2つの力を育むトレーニングに取り組んでみてください。

そうすることにより、他のハートの力も目覚めさせることができます。

第3章

ハートの「コール」と「インスピレーション」

あなたのハートに従わない理由はありません。

他人の意見の雑音で、あなたの自分の内なる声をかき消してはならない。
一番重要なことは、自分のハートと直観に従う勇気を持つことだ。

スティーブ・ジョブズ

１つ目のハートの力
ハートのコールとインスピレーション

ハートが求めているものを知らせようと呼びかけ
ハートが求めている方向へ、導き、突き動かす力。

それでは、まずはじめに、あなたが本当に望んでいる未来へと導いてくれるハートの力についてのお話からはじめたいと思います。３つの基本的な力の中でも、まずはこの力を育てることが大切なので、一番時間を割いてお伝えしていきたいと思います。

魂の目的を達成し、
幸せになるための呼びかけと導き

私たちのハートは、いつどんな時も魂の目的が達成される方向へと、私たちを導こうとしています。

ハートは常にあなたのハートが本当に求めていることを知らせようと呼びかけ、あなたが本当に望んでいる人生を生きて幸せになるために、あなたを導き、突き動かしています。

その「呼びかけ、導き、突き動かす力」がハートの力のひとつであり、この本の中では、この力をハートの「コール」と「インスピレーション」と呼んでいます。

コールという言葉とインスピレーションという言葉の意味

そんな私たちを導いてくれるハートの「コール」と「インスピレーション」という言葉はそれぞれどのようなことを意味しているのでしょうか?

日本語であらわすと言葉の意味が限定されてしまいぴったりの言葉がないため、英語で表しているのですが、ひとつの言葉に訳して理解するよりも、それぞれの言葉の様々な意味に触れてあなた自身で意味を感じていただいた方が、より深く理解できると思いますので、それぞれの言葉があらわすものをたくさん挙げてみたいと思います。

まず、「コール」という言葉には、このような意味があります。

呼び声、叫び、合図、招集、招き、神のお召し、天命、誘惑、魅力、必要、需要、呼び出し、声を出して呼ぶ、呼び寄せる、依頼、要請、使命、天職、指示、大声で求めるなどなど……。

いかがでしょうか？この言葉の数々には何か共通したものがあるのを感じられたのではないでしょうか？それぞれの言葉を感じてみると、「何かの促しや働きかけにより、私たちの内に何か強い思いや感覚が沸き起こるような感じ」がするのではないかと思います。「コール」というのはこのように「私たちの内から沸き起こる思いや感覚」という形で、私たちを導いてくれています。

そして、「インスピレーション」という言葉にはこのような意味があります。

思いつき、鼓舞するもの、ひらめき、霊感、第六感、洞察、特定の感情または動きが沸き起こること、人の心への神性の特別な影響、問題解決の一部としての突然の直観、特別で不可思議な行動や創造力が心に喚起されること、などなど……。

いかがでしょうか？こちらもこの言葉の数々の中には何か共通したものがあるのを感じられたのではないでしょうか？「何らかの働きかけにより、私たちの内から何かが沸き起こってきたりひらめいたりする感覚」が感じられるのではないかと思います。

世間一般で言う「インスピレーション」という言葉には様々な定義があり、みなさんそれぞれ少しずつ違った印象をお持ちだと思いますが、ここでは今挙げたようなことを指していますので、そのように思っておいてくださいね。インスピレーションはこのような「私たちの内から何かが沸き起こってきたりひらめいたりする感覚」という形で私たちを導いてくれています。

ハートが本当に求めていることを知らせようと呼びかけ、あなたが本当に望んでいる人生へとあなたを導き、突き動かしている、「ハートのコールとインスピレーション」という言葉の意味を何となく感じていただけましたか？

これまでと同じようにはっきりと理解できなくても全く問題はありませんので、何となくこんな感じかなということを感じていただければ大丈夫です。

ここでひとつ注意していただきたいことがありますので、お伝えしておきたいと思います。

私たちは日頃ハートのコールやインスピレーションを「ハートの声」と表現することがあります。日常よく使われる言葉でもあるので、この本の中でも時々使うことがあるのですが、「声」という表現をすると、言葉として浮かんだり、音として聞こえたりするという印象を持たれる方がいらっしゃり、ハートのコールというものを「聴くもの」として捉えてしまうことがあります。

ハートのコールやインスピレーションは言葉として浮かんでくることもありますが、それはハートのコールやインスピレーションの一部です。ハートのコールやインスピレーションは様々な形でやってくるので、「ハートの声」というのは比喩的表現であるということを覚えておいてくださいね。

それでは次に、ハートのコールとインスピレーションはどんな形でやってきて、どんな形で私たちを導いてくれるのかについてお話しさせていただきたいと思います。

ハートのコールとインスピレーションはこんな形でやってくる

ハートのコールやインスピレーションとは一体どんなものなのでしょうか？

そして、どんな形で私たちに働きかけてきてくれるのでしょうか？

最初にもお話しした通り、ハートのコールやインスピレーションは、私たちが本当に生きたい人生を生き、幸せになるための呼びかけと導きであり、ハートが求めていることを知らせようと呼びかけ、望んでいる未来へと、導き、誘い、突き動かす力です。

それは、「私たちの内に沸き起こる思いや感覚」や「何らかの働きかけにより、私たちの内から何かが沸き起こってきたりひらめいたりする感覚」として感じられます。

私たちの内には常に、「これをやってみたい」「こっちに行ってみたい」「何だか心惹かれる」「抵抗を感じる」「嬉しい」「わくわくする」「悲しい」「空しい」というような何らかの思い（感情や思考）や、願いや欲求、

「絶対にこっちに行った方がいい」「これはこうやった方がいい」「こういうことをやろう」「こうするべきだ」というようなひらめきや突然湧き上がる思いや衝動、
また、それらに伴った、「あたたかい感じがする」「清々しい感じがする」「引き込まれるような感じがする」「窮屈な感じがする」といったような感覚や、「重い」「疲れた」といったような身体的な感覚が存在しています。

ナビゲーターとしてのコールとインスピレーション

ハートのコールとインスピレーションは、このような、「思いや願いや欲求」や、「ひらめきや突然湧き上がる思いや衝動」、また、「それに伴う感覚や身体の感覚」などの形でやってきて、ハートが行きたいところへ向かうためのナビゲーターとして、私たちのハートが本当に望んでいることを実現し、幸せになる方向へと導いてくれます。

様々な形でやってくるハートのコールとインスピレーションに気づいて、その導きに従って行動していくことができれば、あなたのハートの目的地である「あなたのハートが本当に望んでいる、喜びと幸福感に満ちた人生」が目の前にあらわれてきます。

どこに向かっているのか分からなくても、ナビゲーションシステムに従って進んでいくと、目の前に目的地があらわれるのと同じですね。

ここでひとつお伝えしておきたいことがあります。すでにお気づきの方もいらっしゃると思いますが、「思いや願いや欲求」や、「ひらめきや突然湧き上がる思いや衝動」や、「それらに伴う感覚や身体の感覚」というものは、「ハート」からだけではなく、ハートから分離した「エゴ」からもやってきます。

ただ、よく観察してみると、ハートから生まれる思いや感覚と、エゴが生み出す思いや感覚には違いがあり、この2つの違いを認識できないと、エゴが生み出した思いや感覚に翻弄されてしまいます。この違いについてはまた後程お話しさせていただきますが、ここではハートからやってくるものについてお話しさせていただいているということを覚えておいてくださいね。

あなたは**日頃どのくらいあなたのハートのコールやインスピレーションに意識を向けているでしょうか？ハートの思いや願いに気づいていますか？そしてハートのコールやインスピレーションに従って生きているでしょうか？**少しあなた自身のことを振り返ってみてください。

どんな方も、ハートに従っている時と、ハートから分離したエゴに従っている時があり、その割合は人によって、そして状況によって違っています。ハートとエゴが代わる代わる主導権を握っているわけですね。あなたはそれに気づいていますか？

私たちがハートではなくエゴに従ってしまう理由

ハートに従って生きていけば、本当に生きたい人生を生きることができるのに、私たちはなぜハートではなくて、エゴに従ってしまうのでしょうか？

私たちは日常、ハートの思いとエゴの思いの両方を感じていますが、何らかの体験がきっかけとなり、エゴが「自分の価値や安全が脅かされた」「自分の価値を証明しなければ」「攻撃されている」「不当に扱われた」「自分は理解されていない」「他人は自分の思い通りに考え、行動するべきだ」「自分はダメな人間だ」「自分は理解されていない」「自分にとってよくないことが起こっている」「欲しいものが得られない」「不安だ」といったような不満や苦痛や不快感を感じると、エゴのスイッチが入って活発に動き出し、私たちの頭はエゴの思いでいっぱいになってしまいます。

そのように頭がエゴの思いでいっぱいになってしまうと、私たちはエゴの視点からしかものが見えなくなるため、ますます、あらゆるものとのつながりを感じられない状態になり、視野が狭くなり、ものの見方が偏って、物事を短期的にしか見られなくなり、勘違いや思い込みや幻想でいっぱいになってしまいます。

その結果、ますます安心感を感じられなくなり、不満や苦痛や不快感も増してきて、今この瞬間に自分が感じている不快感や苦痛から逃れたい、そして今後もずっとそうしたい、とにかくそのために行動しよう、と思うようになります。

ハートが生み出す無限の未来とエゴが想像する限定された未来

そうなるとエゴは、勘違いや思い込みや幻想に基づいて、自分が想像できる範囲の安全で快適だと思われる方向へ私たちを連れて行こうとします。すると、多くの場合どんなにハートが「そっちじゃないよ。こっちだよ」と呼びかけても、私たちはエゴの声にしか耳を傾けず、エゴに従ってしまうのです。
もちろん**エゴが連れていこうとする先にあるのは、私たちが本当に生きたい人生ではありません。**エゴに従ってエゴが連れて行こうとする方向に向かってしまえば、エゴが感じている不満や苦痛や不快感は解消され、エゴが想像できる範囲のエゴが望んでいるいい状況になり、とりあえず気分はよくなるものの、それも一時的なことで、ハートが本当に生きたい人生とは違う人生を生きることになってしまいます。

ハートに従えば私たちの想像もつかないような、ハートが創り出す、喜びに満ちた無限の未来を選択することができるのに、「こうなったらいいな」「ああなったらいいな」とエゴが想像できる範囲の限定された未来を選んでしまうわけですね。あなたも思い当たることがあるのではないでしょうか？

ハートはあなたの想像を超えた未来とあなたを体験させてくれる

一方、ハートが主導権を握り、ハートに従って生きる時、私たちは私たちが本当に望んでいる人生へと導かれ、深い喜びや幸福感で満たされた人生を生きることになります。

ハートは、限界のあるマインドの知性をはるかに超えた知性を持っているため、あなたの想像もつかないようなルートで、想像のつかないやり方で、想像を超えた未来に導き、あなたの想像を超えた未来とあなた自身を体験させてくれるのです。

ハートのコールやインスピレーションに従って生きている人は、それを自らの体験を通して知っています。

ハートに従って進んでいけば、あなたも、「そんな自分になれるとは思わなかった」というような、あなたの想像を超えたあなた自身になっていきます。

エゴのスイッチが入ってしまい、エゴに主導権を握られてしまっている時でも、ハートは常にあなたに呼びかけています。ハートの声に耳を傾けようとすれば、どんな状態にあっても、どんな瞬間からでもハートに従って、あなたが本当に望んでいる人生へと向かっていくことができます。どんな瞬間もハートの声に耳を傾けてハートの導きに従って、ハートが体験したい未来＝ハートの目的地へと向かって行きましょう。

まず自分自身が感じていることや考えていることに気づく

今この瞬間もあなたの内には様々な思いがあり、様々なことを感じています。あなたは今それに気づいていますか？

先ほどもお話しさせていただいたように、ハートのコールとインスピレーションは「思い（感情や思考）や願いや欲求」や、「ひらめきや突然湧き上がる思いや衝動」や、「それに伴う感覚や身体の感覚」などの形でやってきます。あなたはどのくらいそれに気づいているでしょうか？

ハートのコールやインスピレーションに気づくには、自分の内にある感情や思考や感覚に意識を向け、それに気づかなければなりません。

自分の感じていることや考えていることなんて、分かっていると思われる方もいらっしゃるかもしれませんが、日々の生活の中では考えなくてはならないこと、やらなくてはならないことに追い立てられ、次々と生まれる感情や思考や感覚に意識を向けることのないまま時間が過ぎていき、**自分で思っているほどは、自分の感じていることや考えていることに気がついていない**方がほとんどです。

もちろんエゴから生まれる思いの中には、それほど注意を払う必要のないものもありますが、**すべての思いは私たちに何かを知らせるサインです。**私たちの思いには私たちが幸せに生きるための大切なメッセージがたくさんつまっているので、そのメッセージを受け取ることはとても大切なことです。あなたの内にある感情や思考や感覚に意識を向け、それに気づく練習をしていきましょう。

今この瞬間の自分自身の思い（感情や思考）や、今この瞬間感じていることに気づく

それでは、ハートのコールとインスピレーションに気づくための準備のエクササイズとして、まずは自分自身の思いや感じている感覚に意識を向け、それに気づく練習をしてみたいと思います。

エクササイズ2
今この瞬間の自分自身の思い（感情や思考）や、今この瞬間感じていることに気づく

静かな場所に座り、深い呼吸を3回繰り返します。深呼吸をしたら、楽な呼吸に戻してください。

そして、あなたが「私」という感覚を感じるところ（ハート）に、手を当ててください。

手を当てたまま、「私」という感覚（ハート）を感じてみましょう。

こころが落ち着いてきたら、あなたの思い（感情や思考）に意識を向けます。

あなたの感じていることにも意識を向けましょう。

手は当てたままでも、下ろしていただいても構いません。

「思いや願いや欲求」「ひらめきや突然湧き上がる思いや衝動」「それらに伴う感覚や身体の感覚」など、あなたの内に起こっていることに気づきましょう。


今あなたはどんなことを感じているでしょうか？

今あなたの頭にはどんな考えが浮かんでいますか？

今あなたの内にどんなことが起こっていますか？


しばらくの間それを感じ、観察してみてください。

※もし、手を当てることができない状況であれば、手を当てなくても大丈夫です。

いかがでしょうか？あなたが感じている感情や感覚、あなたが考えていることに気がつきましたか？

感じていたけれども無視していたこと、感じたくなかったこと、そんなことを感じているということを認めたくなかったこと、感じていることにすら気づいていなかったこと、いろいろあったのではないでしょうか？考えについても、無視していたこと、考えたくなかったこと、そんなことを考えているということを認めたくなかったこと、考えていることにすら気づいていなかったことがあったと思います。

このように、意識を向けてみると、あなたがたくさんのことを感じ、考えているということや、その内容に気がつきます。**ハートのコールやインスピレーションに気づくためには、このようにあなたの中で起こっていることに意識を向け、それに気づく必要があります。**

意識的に気づこうとすることを繰り返していくと、忙しい日常の中でも、あなたの内に起こっていることに気がつくようになっていくので、まずはあなたの感じていることや、考えていることに意識を向け、それに気づく練習をしていってくださいね。

外の世界に注意を向け、自分自身の内に沸き起こる思い（感情や思考）や感覚に気づく

そしてあなたの内に起こっていることに気づけるようになってきたら、次に、あなたが出会う人、見るもの、聞くもの、出来事、そういったものから得られるもの、情報など、あなたの

外の世界にあるものに注意を向けます。そしてそれを見たり聞いたり、感じたりした時に、あなたの内に沸き起こる思いや願いや感覚や、身体の感覚などに意識を向けて、それに気づきます。

先ほどはただ自分自身の内に起こっていることに気づくだけでしたが、ここでは、意識的に、外の世界に注意を向け、それによりあなたの中に沸き起こるものに気づくということをしてみます。そうすることによって、外の世界のどんな人やものや出来事があなたの内にどんな思いや感覚を湧き上がらせるのかに気づけるようになるため、あなた自身がどんなことをどのように捉え、どのように感じてどのように考え、どのように行動する人間なのかを知ることができます。

これができるようになると、私たちの内にある思いのうち、ハートから生まれる思いと、エゴが生み出す思いの区別もつきやすくなるため、外の世界に注意を向けた時にあなたの内にどんな思いや感覚が沸き起こるのか観察する習慣をつけてください。

エクササイズ3

外の世界に注意を向け、自分自身の内に沸き起こる思いや感覚に気づく

深く息を吸って、息を吐き切ります。

あなたが「私」という感覚を感じるところ（ハート）に意識を向けます。
そして「私」という感覚（ハート）を感じてみましょう。

次に、出会う人、見るもの、聞くもの、出来事、そういったものから得られるもの、情報、など、あなたの外の世界にあるものに注意を向けます。

そしてそれらを見たり聞いたり、感じたりした時に、あなたの内に沸き起こる思いや願いや感覚や、身体の感覚などに意識を向けます。

「思いや願いや欲求」「ひらめきや突然湧き上がる思いや衝動」「それらに伴う感覚や身体の感覚」など、あなたの内に起こっていることに気づきましょう。

今あなたはどんなことを感じているでしょうか？
今あなたの頭にはどんな考えが浮かんでいますか？
今あなたの内にどんなことが起こっていますか？

しばらくの間それを感じ、観察してみてください。

いかがでしょうか？あなたが感じている感情や感覚、あなたが考えていることに気がつきましたか？

先ほどと同じように、感じていたけれども無視していたこと、感じたくなかったこと、そんなことを感じているということを認めたくなかったこと、感じていることにすら気づいていなかったこと、考えていたけれども無視していたこと、考えたくなかったこと、そんなことを考えているということを認めたくなかったこと、考えていることにすら気づいていなかったことなど、色々なことに気づくと思います。

このエクササイズがうまくできるようになると、あなた自身のことを深く理解し、よりハートの思いに気づいてハートに従って生きていけるようになりますし、自分以外の人のこともより深く理解することができるようになりますので、ぜひ練習を続けてみてください。

ジャッジせず、ただ、今あなたの内にある思いに気づく

ここでひとつ注意していただきたいことがあります。あなた自身の内にある思いに意識を向

けようとする際に、その思いに対して「いけないもの」「悪いもの」「恥ずかしいもの」「あるべきでないもの」「ずうずうしい」「身の程知らず」「ばかばかしい」「くだらない」「ちっぽけだ」「大それたこと」「無駄だ」「無理だ」といったようなジャッジがあると、なかなかそこに意識を向けられなかったり、向けられたとしてもそういう思いをなかったことにしようとしてしまうことがあります。

たとえあなた自身の内に、あなた自身が好ましくないと考える思いがあったとしても、あなたが悪い人間であるとか、ダメな人間であるとか、分別のないおかしな人間であるとか、愚かな人間であるとか、品のない人間であるということではありません。あなたもあなたの内にある思いに気づいた時にこのようなことを思っていませんか？

思いはただの思いであって、シグナルにすぎず、いいも悪いもありません。シグナルとしての思いは役割を終えればなくなるもので、それはあなた自身ではありません。しかも思いが発するシグナルには私たちが幸せになるために必要なメッセージが詰まっています。あなたはただ、「今」そういう「思い」というシグナルを自分の内に感じているというだけのことです。

あなたは、あなたがなりたい自分になって、あなたの素晴らしさを分かち合っていけば、喜びや幸福感を感じられるあなたが生きたい人生を生きることになります。そうすることによって、自分以外の人々に喜んでもらったり、この世界をより素晴らしい場所にしていくことができます。

あなたが自分の内にある思いや感じていることに気づこうとしているのは、そのためなのですから、とても素晴らしいことです。あなたの内にある「思い」という「シグナル」から大切なメッセージを受け取れば、あなた自身の人生がより素晴らしいものになり、その影響はあなた以外の人々やこの世界に及びます。ですから、あなたが好ましくないと考える思いがあってがっかりしたり苦しい思いになったら、このことを思い出して、その思いをジャッジすることなく、大切なものとしてただ意識を向け、そこにあることに気づいてください。

マインドだけで分析したり解釈したり決めつけたりしない

そしてもうひとつ、あなた自身の内にある思いや感覚に気づいた時、それについて「これはこういうことだ」「これはこうなっているんだ」「これはこういうことを意味してるんだ」などと、**マインドだけで分析して、決めつけたりすることのないように注意してください。マインドは何かを勝手に結び付けて意味づけしたり、限られた情報をもとに物事を分析したり解釈したり理解したりして結論づけて、納得しようとする性質を持っているため、このように頭（マ**

インド）だけで考えてしまうと、真実や本当に大切なことが分からなくなってしまいます。

もし「ああ、これはこういうことかな」というように頭が働いた時には、ハートに意識を向け、「限られた情報をもとに頭だけで分析したり、解釈したりして分かったつもりになっていないか」を観察し、そういうことをしていると感じたら、それをやめて、ただ、あなた自身の内にある思いや感覚に意識を向け、ハートを感じて、ハートとマインドを調和させて、ハートから生まれる気づきを待ちましょう。ハートに意識を向けて、ハートを感じるとハートとマインドが調和して、マインドをハートと調和した状態で使うことができるようになります。これはインターネットとパソコンのオンライン・オフライン状態のようなものなので、いつもハートとマインドが「オンライン」状態になるように気をつけていただくということですね。

知るべきことや気づきがすぐにやってこないこともありますが、マインドだけを使って分析しようとしたり、解釈しようとしたりしなければ、ハートがハートとともに働くマインドを通して本当にたくさんのことを教えてくれるので、ハートから生まれる気づきを待ち、ハートとマインドを調和させて使う＝ハートとマインドを常にオンライン状態にする習慣を身につけてくださいね。

ハートから生まれる思いや感覚とエゴが生み出す思いや感覚

先ほど「思いや願いや欲求」や、「ひらめきや突然湧き上がる思いや衝動」や、「それらに伴う感覚や身体の感覚」というものには、「ハート」からやってくるものと、ハートから分離した「エゴ」からやってくるものがあるということと、よく観察してみると、ハートから生まれる思いや感覚と、エゴが生み出す思いや感覚には違いがあり、この2つの違いを認識できないと、エゴが生み出した思いや感覚に翻弄されてしまうということをお話しさせていただきました。

あなたがハートのコールとインスピレーションに導かれ、あなたが本当に望んでいる人生を生きたいと思っているのに、エゴが生み出す思いや感覚の方を信頼して進んでいってしまえば、あなたが本当に望んでいる場所に向かうことはできなくなってしまいますね。

それでは私たちは一体どうすればいいのでしょうか？

その答えは拍子抜けするほどシンプルです。その答えとは、

私たちの内にある思いや感覚に気づいたら、
「これはハートから生まれているものだろうか？
それとも、エゴが生み出しているものだろうか？」
と自分自身に問いかける。

ということです。

「え、それだけ？」とか「そんなのどっちか分からないよ」と思われるかもしれませんが、これはすべてのものごとの見分け方に共通していることです。

例えば、おいしい茶葉の見分け方を知ろうとしたとします。初めてお茶を飲んだ時には、それがおいしいお茶なのかどうかはよく分からないはずです。おいしいお茶とそうでないお茶の違いを知りたかったら、まずはとにかく味わってみる。するとだんだん色々なお茶の味が分かってくる。やがて、本当においしいお茶というものが分かってくる、というような順序でおいしい茶葉を見分けられるようになっていくはずです。

知りたいという思いがあり、知ろうという意思があれば、最初は分からなくても、続けていくうちに段々分かるようになってきます。それはなぜかと言うと、私たちには本当のことを知り、見分ける力というものが備わっているからです。

その力はハートの力のひとつで、使えば使うほどその力は育ち、うまく使えるようになっていきます。もちろん、どのくらいでそれができるようになるかは、人それぞれですが、どんな方にもできることなのでご安心ください。

よく、数回、もしくは数か月試してみて、「分かる時もあるのですが、まだまだハートなのかエゴなのかの見分けがつかないんです」とおっしゃる方にお会いするのですが、そのような方は**往々にして、単純に練習が足りていないということが多い**ので、自分自身と向き合う時間をとって練習を重ねることでそれは解決していきます。それ以外に、「見分けがつかなくなる原因」がある場合もあるため、その原因について後ほどお話しさせていただきますが、まずは練習あるのみです。

心得①でもお伝えしましたが、何ごとも最善のタイミングで最善の形で起こるので、焦らずにじっくりと取り組んでみてください。そして、**そもそもこの見分ける力は、私たちにもともと備わっている力です**。練習を始めた瞬間からどんどん育ちはじめ、色々な気づきが起こってくるはずなので、どの気づきも楽しみながら練習を進めていってくださいね。

とはいえ「これはハートから生まれているものだろうか？それとも、エゴが生み出しているものだろうか？」と自分自身に問いかけることに加えて、見分けられるようになるためのコツというものもあります。それについてもお話しさせていただきますので、どうぞご安心ください。

それでは、ハートから生まれる思いとエゴが生み出す思いの見分け方について、もう少しお話ししていきたいと思います。

ハートを感じて、今感じている思いや感覚が
ハートからのものかエゴからのものかを見分ける

自分の内側にある「思いや願いや欲求」や、「ひらめきや突然湧き上がる思いや衝動」や、「それに伴う感覚や身体の感覚」に気づき、それがハートから生まれているものなのか、エゴがつくり出しているものなのかを知ろうとしたら、まずはそれがどちらからきているものなのかを自分自身に問いかけます。

その際にあなたのハートを感じてみてください。あなたがそうしたいと感じたら、ハートに手を当てながら感じてみてください。ハートに意識を向けハートを感じている時、私たちは本当の自分自身を感じているため、ハートから生まれているものに気づきやすくなり、より真実を認識しやすくなります。たったこれだけ？と思われるかもしれませんが、これだけでも大き

な効果があるので、必ず試してみてください。

「それが本心なのか、胸に手を当ててよく考えてみよう」という言葉がありますが、これは**ハートに意識を向けると、本心（ハートからの思い）が分かるということを、私たちはどこかで知っている**ということをあらわしています。

また、人によっては、その思いや感覚がハートから生まれているものである場合、ハートのあたりに何かを感じ、その思いや感覚がエゴが生み出しているものである場合は、ハートのあたりには何も感じるものがなく、頭の方に意識が行っているような感覚があったりと何らかの違いがあります。

それ以外にもあなたにしか分からない違いというものがあるので、自分自身の感覚に意識を向けてその違いを見つけてみてください。慣れてくると、「あ、これはハートからだ」「あ、これはエゴからだ」と見分けられるようになってきます。

それから、第1章でお話しさせていただいた、感情とマインドの役割や、感情とマインドの種類についてのご説明を繰り返し読んでいただくと、自分自身の内にある感情や考えについての理解が深まり、それがハートから生まれているものなのか、マインドが生み出しているものなのかに気づきやすくなりますので、何度も繰り返して読んでみてくださいね。

それでは、私たちの思いや感覚にはハートから生まれるものと、エゴが生み出すものがあり、その2つには違いがあるということをふまえた上で、ハートのコールとインスピレーションについてのお話に進んでいきたいと思います。

ハートのコールとインスピレーションを受け取り、ハートに導いてもらう

あなたのハートから生まれるハートのコールとインスピレーションは「思いや願いや欲求」や、「ひらめきや突然湧き上がる思いや衝動」や、「それらに伴う感覚や身体の感覚」という形でやってくるとお伝えしました。もちろんそれがエゴではなくハートから生まれているものであるかどうかを見分けることは大切なのですが、まずはハートのコールとインスピレーションを受け取り、ハートに導いてもらう練習を始めるということが大切なので始めていきたいと思います。

まず、ハートのコールとインスピレーションがどんな形でやってくるかを知っておくと受け取りやすくなると思いますので、いくつかリストアップしてみたいと思います。

絶対こっちだ、こうしたい、これをやった方がいい気がする、絶対にこれをやらなければならない、何か惹かれる、抵抗を感じる、魅力を感じる、衝動を感じる、切なる思いを感じる、何となくそちらに行きたい、何となくやった方がいい気がする、それが役割のような感じがする、神さまがそう言っていると感じる、それが使命のような気がする、確信が生まれる、喜び、嬉しさ、ときめき、憧れ、わくわくする思い、清々しさ、静けさ、安堵感、安心感、敬虔な気持ち、厳粛な気持ち、身の引き締まる思い、使命感、緊張感、ドキドキする感覚を感じる、などなど……

感情、思考、ひらめき、感じている感覚、身体の感覚、欲求、衝動、ひきつけられる感覚など色々な形でやってきます。もちろんまだまだ色々なものがありますが、ハートのコールとインスピレーションを受け取る際の参考にしてみてくださいね。

ハートのコールとインスピレーションを受け取って、ハートに導いてもらうためには、特別な技術を身につけるよりも、「ハートの思いを知りたい」「私が本当に望んでいる人生を生きたい。そのために必要なことを知りたい」「ハートに従って生きていきたい」という思いを強く持つということの方がずっと重要です。

感情とマインドを鎮めハートの声を聞く

ただ、前にもお伝えしたように、感情やマインドがあまりに活発に活動していると、ハートのコールとインスピレーションに気づきにくくなってしまうので、感情やマインドを鎮めてから、ハートの思いに意識を向けるということを習慣化していただきたいと思います。

本書の特典としていくつかのメディテーションをご紹介していますので、ぜひメディテーションの実践を通じて、感情やマインドを鎮める練習をしてみてくださいね。

ハートのコールとインスピレーションの受け取り方

それでは、ハートのコールとインスピレーションを受け取りましょう。

とはいっても何も特別なことをする必要はありません。ただし、先ほどもお伝えしたように、

「ハートの思いを知りたい」

「私が本当に望んでいる人生を生きたい。そのために必要なことを知りたい」

「ハートに従って生きていきたい」


という思いを強く持つということが大切です。

そして、いつもあなたのハートに、

「私のハートが求めているものは何だろう？」

「私のハートが求めていることは何だろう？」

「私のハートはどんなことを体験したいのだろう？」

「私のハートは何をしたいのだろう？」

「何かハートが知らせてくれていることはないか？」

「何かハートが教えてくれていることはないか？」

「何か気がつかなくてはならないことはないか？」


と問いかけることも大切です。

これを続けていると、日に日にハートのコールやインスピレーションに気づきやすくなっていきます。

ハートのコールとインスピレーションを受け取るためには、感情とマインドを鎮め、あなたのハートに意識を向けてハートを感じ、ハートの声（ハートのコールとインスピレーション）に耳を傾けて、ハートの思いや願いが実現する方向に導いてもらう、ということを日々繰り返していくのみなので、日々それを繰り返していってください。

どんな時もハートのコールとインスピレーションを受け取ろうと、ハートを開いているということが基本なので、特別なことをしなくても、いつもハートの思いに意識を向けることが大切なのですが、忙しい毎日の中では、せっかくのハートからの呼びかけにもなかなか意識を向けられないということも多いので、時おり時間をとってハートに向き合うということも大切です。

ここで、ハートのコールとインスピレーションを意識的に受け取るエクササイズをご紹介しますので、毎日、週に一度、月に一度などあなたにとってちょうどいいと感じられる頻度で、時間をとってハートに向き合ってみてくださいね。この手順を参考にして、あなたのやりやすい方法でやっていただいても構いません。これもまた、うまくできる、できないというものはないので、気楽に練習してみてください。

エクササイズ４

ハートのコールとインスピレーションを意識的に受け取る

新しいノートとペンを用意して、静かに座ります。

メディテーションを行い、感情とマインドを鎮めます。

こころが鎮まったなと思ったら、深い呼吸を３回繰り返します。

深呼吸をしたら、楽な呼吸に戻してください。

そして、あなたが「私」という感覚（ハート）を感じるところに、手を当ててください。

手を当てたまま、「私」という感覚（ハート）を感じてみましょう。

そして、あなたのハートに問いかけます。


「私のハートが求めているものは何だろう？」

「私のハートが求めていることは何だろう？」

「私のハートはどんなことを体験したいのだろう？」

「私のハートは何をしたいのだろう？」

「何かハートが知らせてくれていることはないか？」

「何かハートが教えてくれていることはないか？」

「何か気がつかなくてはならないことはないか？」


そのように問いかけたら、あなたの思い（感情や思考）に意識を向けます。

あなたの感じていることにも意識を向けましょう。


手は当てたままでも、下ろしていただいても構いません。

「思いや願いや欲求」「ひらめきや突然湧き上がる思いや衝動」「それらに伴う感覚や身体の感覚」など、あなたの内に起こっていることに気づきましょう。

今あなたはどんなことを感じているでしょうか？

今あなたの頭にはどんな考えが浮かんでいますか？

今あなたの内にどんなことが起こっていますか？

しばらくの間それを感じ、観察してみてください。

※もし、手を当てることができない状況であれば、手を当てなくても大丈夫です。

※問いかけの言葉は、一度に全部ではなく、1つか2つずつ選んで問いかけた方がやりやすいという方は、お好きなやり方で実践してみてください。

エクササイズは以上です。

このエクササイズをして受け取った、ハートのコールとインスピレーションをノートに書き記しておきましょう。ノートを開いて、まず最初に日付やその日のイベント、体調などのメモを書き込んだら、左右両方のページの下5㎝くらいのところに横線をひいていきます。この横線より下は書き込みをせずに空けておきます。そして左側のページにどんどん受け取ったことを書いていってください。このノートはハートから受け取ったものを書くための専用のノートにしてくださいね。ノートに「コール&インスピレーションノート」と名前をつけていただくといいと思います。

そしてまた、このエクササイズをする時だけではなく、私たちのハートはいつでも私たちに呼びかけてくれているので、いつでもハートのコールとインスピレーションに意識を向けて、それを受け取ることができます。そうして受け取ったものも同じようにこのノートの左側に書き記していってください。

このノートを後から見直すと本当にたくさんのことに気づくことができます。この後のエクササイズでもこのノートを使いますので、もしノートがいっぱいになってしまっても、大切に保管しておいてくださいね。

そして、ノートの右側には、後で左側に書いたことを見返してみて、気づいたことや感じたことなどを書き記しておきます。このノートを見返すのは、すぐにでもいいし、数時間後、翌日、数週間後、数か月後などあなたが見返してみたいと思う時でも構いません。もちろん数年後に見返していただいても、大きな気づきが得られます。

ノートの下部の５㎝ほど空けてある部分は、また後程別のエクササイズで使用しますので、そのまま開けておいてください。

このエクササイズを通して受け取ったことを、後から見返してみた時に得られる気づきもこのエクササイズで得られるものの一部です。ぜひ見返してみる習慣をつけてください。

そしてもちろん、ノートに書きこむためだけでなく、常にあなたのハートのコールとインスピレーションに意識を向けて受け取ってくださいね。

ハートのコールとインスピレーションは外の世界からのサインにより沸き起こってくることも

時として、他者や出来事、出会うもの、見るもの、聞くものなど外の世界を通じてサインがやってきて、あなたの内にあるハートのコールやインスピレーションに気づくということもあります。特にあなたが、あなた自身のハートの思いやあなたが感じていることに気づかなかったり、それを無視してしまったりしている時や、そうなっていることにすら気がつかないような時には、外の世界を通じてやってきたサインのおかげで、ハートのコールやインスピレーションに気づくことが多くなります。

エクササイズ③でやったように他者や出来事、出会うもの、見るもの、聞くものなど外の世界と触れた時、あなた自身の内に起こってくる思いや感覚にも目を向けてみると、あなたが受け取れていなかったハートのコールとインスピレーションに気づけることもあるため、外の世界を触れた時にあなたの中に沸き起こってくることに注意を向けてみてください。

慣れてくると、他者や出来事、出会うもの、見るもの、聞くものなど外の世界と触れた瞬間に「あ、これは私がこういうことを感じているんだな」「あ、私はこういうことを求めているんだね」「あ、これは私がこういうことに気づかなくてはならないんだな」というように、あなたのハートの思いや感じていることに気づくようになっていきます。また、後ほどお話しさせていただく「ハートの直観」も同じように、外の世界と触れた瞬間にやってくることがあります。外の世界が私たちがハートのコールやインスピレーションやハートの直観に気づくためのサインとなってくれるわけですね。

このように外の世界からのサインは色々なことに気づかせてくれるありがたいものではありますが、そのサインに触れた時に、あなた自身の内にある思いや、感じていることや、ハートに意識を向けないでいると、「これは、こういうことね」「これはこういうことであるに違いない」などと、ただ単にそれをエゴマインドで分析したり解釈して終わってしまうこともあるので注意してくださいね。

常にあなた自身の思いや、感じていることや、ハートを意識していれば、自分の外の世界からサインがきた時にも、それをあなたのハートから湧き出てくるものと結びつけてハートから理解することができ、あなたが本当に求めているものや、行くべき方向や、あなたが気づくべきことに気づくことができます。

ハートのコールやインスピレーションに意識を向けられず無意識に行動している時は、自分の外の世界にも意識を向け、外の世界から来るサインと、それを通して自分の内に沸き起こる思いや感覚やハートに意識を向けて、ハートのコールやインスピレーションを受け取ってみてください。

外の世界に注意を向け、ハートのコールとインスピレーションに気づく

ハートのコールとインスピレーションを受け取ることに慣れてきたら、次にエクササイズ③でやったように、あなたの外の世界にあるものに注意を向けて、それらを見たり聞いたり、感じたりしたときに、あなたの内に沸き起こるハートのコールとインスピレーションを受け取る練習をしてみましょう。

エクササイズ5

外の世界に注意を向け
ハートのコールとインスピレーションに気づく

エクササイズ③と同じ手順で、あなたが出会う人、見るもの、聞くもの、出来事、そういったものから得られるもの、情報、など、あなたの外の世界にあるものに注意を

向け、それらを見たり聞いたり、感じたりしたときに、あなたの内に沸き起こる思いや願いや感覚や、身体の感覚などに意識を向けます。

「思いや願いや欲求」「ひらめきや突然湧き上がる思いや衝動」「それらに伴う感覚や身体の感覚」など、あなたの内に起こっていることに気づきましょう。

そして次にエクササイズ③と同じようにあなたのハートに問いかけ、受け取ったハートのコールとインスピレーションをノートに書き記しておきましょう。その後はノートを見返して、気づいたことや感じたことを書き記してみましょう。

この実践によって、エクササイズ③と同じように、あなた自身がどんなことをどのように捉え、どのように感じてどのように考え、どのように行動する人間なのかを知ることができ、よりあなたのハートの思いに気づき、ハートに従っていけるようになります。あなたのハートの思いに関心を持って、楽しみながら実践を続けてくださいね。

そして、前にもお伝えしたように「ああ、これはこういうことかな」というように頭が働いたら、ハートに意識を向け、「限られた情報をもとに頭だけで分析したり、解釈したりして分かったつもりになっていないか」を観察し、そういうことをしていると感じたら、それをやめて、ただ、あなた自身の内にある思いや感覚に意識を向け、ハートを感じて、ハートとマインドを調和させて、ハートから生まれる気づきを待ってくださいね。

ふとした瞬間のハートのコールとインスピレーションを受け取る

ハートのコールとインスピレーションを受け取るという練習をしてきましたが、何度もお伝えしてきたように、ハートはつねに私たちに働きかけてくれているので、意識的にハートのコールとインスピレーションを受け取ろうとはしていない、日常のふとした瞬間に、ハートのコールとインスピレーションがやってくるということがあります。また、グループ1のハートの知性と直観力と同じように、ふとした瞬間にやってくることがあります。

それは、お散歩をしている時、シャワーを浴びている時、お料理をしている時、など、日常生活の何らかの活動に意識を向けている時のふとした瞬間にやってきます。そういった時に受け取ったことは、忙しい日常生活の中では忘れられがちですが、とても大切なことを伝えてきてくれているので、できる限り覚えておいて、メモをしたり、それを実行に移したりするようにしてくださいね。

ハートのコールとインスピレーションを受け取ることを邪魔するもの

私たちがハートのコールとインスピレーションを受け取ろうとしているのに、それを邪魔するものがあります。その邪魔するものとは一体何でしょうか？

それは、私たちの中にある「エゴマインド」と「エゴの感情」から成る「エゴ」の部分です。

私たちが「これが自分だ」と感じている自分の中には、**「ハート」と「ハートとともに働く感情やマインド」でできている「本当の自分」の部分と、「ハートから分離したエゴマインドとエゴの感情」でできている「エゴ」の部分**があるわけですが、そのエゴの部分が、私たちがハートのコールとインスピレーションを受け取ることを邪魔してしまうのです。

なぜそうなってしまうかと言うと、ハートが求めているものと、エゴが求めているものは違うため、ハートが求めているものを実現する方向に行こうとしても、エゴは別の方向に行きたがるからです。ハートから分離したエゴは、

あらゆるものとのつながりを感じられず孤独を感じ、

恐れや不安を感じていて、
ものごとに疑いの念を持ち
視野が狭く、ものの見方が偏っていて、
物事を短期的にしか見られず、
勘違いや思い込みや幻想でいっぱい

という状態です。そして、

自分や自分が大切だと考える存在だけを価値あるものとして評価し、
自分や自分が大切だと考える存在だけの利益や幸せにつながることや、
本当の幸せにはつながらないとしても、今すぐ快楽や評価や賞賛を得ることや、
不快感や苦痛から今すぐ逃れるため、安全で快適だと思われる方向へ向かうことや、
不快感や苦痛を感じる可能性のあるものや行動を避けることや、
適切な時を待たずに今すぐに欲求を満たすこと

などを、求めています。

エゴは勘違いや思い込みや幻想でいっぱいなのですが、それを真実だと信じ込んでいます。

そしてその勘違いや思い込みや幻想をもとに、様々なことを感じ、予測したり、期待したり、得ようとしたり、避けようとしたりと様々なことを考え、行動に移そうと活動しています。

エゴの活動は、**エゴが求めているものを得るための活動**であるため、私たち自身が持つ力を**エゴが求めているものを得るために使おうとします。**その結果、私たちの**ハートのコールやインスピレーションを受け取り、ハートが求めている方向へ行くための力**がエゴに使われてしまうのですね。エゴはハートが望む方向ではない方向に進んでしまう上、ハートが望む方向へ進んでいくための力も奪ってしまうのです。

エゴに生み出される感情や考えにはこのようなものがあります。

こうあってほしい、こうでなければいけない、こうでないと困る、こうであるはずだ、こう見られたい、嫌な目にあいたくない、嫌われたくない、失いたくない、勝ちたい、人より優れていたい、人にすごいと思われたい、能力がないと思われたくない、いい人だと思われたい、悪く思われたくない、評価されたい、賞賛されたい、変だと思われたくない、常識的だと思われたい、こうなると不安、この方が得、この方がお金が入る、この方が安定している、この方が価値を認められる、この方が楽、この方が楽しい（永続的ではないが）、この方が格好いい、長く待ちたくない、時間をかけたくない、何かを失いたくない、失敗したくない、恥をかきたくない、無理なことをしたくない、能力がないからやりたくない、価値がないと思われたくない、過ちや落ち度を認めたくない、自分の正しさを証明したい、人より優位な立場に立ちたい、自分の思い通りに事を運びたい、他人に自分の思い通りに動いてもらいたい、やることを増やしたくない、予測不能なことはしたくない、うまくいく保証があることしかしたくない、難しいからやりたくない、迷惑だと思われたくない、迷惑をかけられたくない、人のお世話にはなりたくない、不利益をこうむりたくない、自分が気に入るような扱いを受けたい、大変なことは避けたい、軋轢や葛藤は避けたい、面倒くさいことは避けたい、人より自分の方が得をしたい、人より労力を使いたくない、自分のことで精いっぱいだから自分のことだけしていたい、家族のことで大変だからそれ以外のことをしたくない、面倒なことや大変なことは他の人にやってもらいたい、他の人に時間やお金や労力を使いたくない、不快な思いをしたくない、などなど……

これ以外にも無数の様々な予測や期待や欲求がありますね。こういったエゴが生み出す思いはハートの思いに気づくことを妨げ、たとえハートの思いに気づいたとしても、ハートに従って行動することを妨げてしまいます。

それでは、このような日ごろ私たちがよく感じている思いをどのように扱えばいいのでしょうか？

その答えはとてもシンプルなものです。

それは、**「まずこういった思いがあるということに気づく」**ということです。

ハートの思いに従うにはエゴの思いやエゴが求めているものに気づくことも大切

今まですぐそこにあったのに、目を向けていなかったものに気づくと、ただそれに気づくだけでそこに光が当たりよく見えるようになります。今まで気づかなかったものが見えるようになれば、今まで見えないところで自分自身に影響を与えて、「ハートのコールやインスピレーションを受け取ることを妨げていたもの」に気づくことができ、それらと意識的に向き合って対処することができるようになります。

ハートの思いに気づき、それに従っていくためにも、エゴの思いやエゴが求めているものに気づくことはとても役に立ちますし、大切なことです。

もちろん意識的に向き合って対処するのにも、色々な工夫が必要だったり、時間がかかったりする場合もありますが、今までそこにあったのに気づかなかったものに気づくだけで、あまり影響を受けなくなったり、何らかの気づきが起こり、変化が起こるということもあります。

一部の人を除いては、私たちの中にあるハートの思いとエゴの思いのすべてを認識できているわけではありません。それを全部認識できていないということは仕方がないことなのですが、今この瞬間自分の中にある思いには気づくことができます。まずはただ、今この瞬間にあなたの中にある思いに意識を向けて、エゴの思いに気づいたら、そのエゴの思いにとらわれず、ハートのコールやインスピレーションに意識を向けるということをしてみましょう。

リセットとリフレッシュをこまめにする

また、忙しすぎたり、抱えている問題を解決しようとしている時などは、身体的にも疲れていたり、感情やマインドが活発に動きすぎたりして疲弊してしまい、自分自身が何を感じているのかさえ分からなくなってしまうこともありますね。

そんな時は私たちの意識も小さくなり、柔軟性を失ってしまっているので、ハートのコールとインスピレーションを受け取るということが難しくなってしまいます。忙しい毎日の中でも工夫して、少しでも自分自身の思いや、身体の疲れをリセットしたり、リフレッシュする時間をつくるように心がけましょう。

それほど長い時間をかけなくても、深呼吸をする、お茶を飲む、香りを嗅ぐ、短い瞑想をする、ストレッチをする、美しいものやかわいいものなどを眺める、など短時間でできることで充分気持ちや身体の疲れをリセットしてリフレッシュする効果はあるので、自分なりのリセットとリフレッシュができる方法を見つけてみてくださいね。

たまった疲れをまとめてリセットし、リフレッシュするということももちろんいいことなのですが、こまめにリセットしたりリフレッシュする習慣がつくと、意識が何かにとらわれて、視野が狭くなり、柔軟性を失うというようなことが少なくなり、オープンな姿勢でニュートラルにハートのコールとインスピレーションを受け取りやすくなるので、こまめに自分自身の思いや身体の疲れをリセットする習慣を身につけてくださいね。

ハートに従って行動する。ハートに導かれてハートの目的地へ

これまで、ハートのコールとインスピレーションを受け取ることについてお話をさせていただきましたが、これからそれを受け取った後どうしていくかということについてお話をさせていただきたいと思います。

そして、ハートのコールとインスピレーションを受け取ったら、今度はそれに従って行動するという段階に入ります。普段の生活の中では、このように段階を踏まず、「一瞬のうちに受け取り、一瞬のうちに行動に移す」ということも多いわけですが、どんな時も意識的にハートに従って行動することができるよう、ハートのコールとインスピレーションを受け取って、ハートに従って生きていく過程で起こってくることについてもお話をさせていただきたいと思います。

まずはハートに従って行動してみる

ハートのコールやインスピレーションを受け取ったら、何はともあれ、まずはそれに従って行動してみましょう。どこかに行きたい！と思ったらそちらにむかって進んでみるということですね。

もちろん旅の途中には色々なことが起こりますし、旅を続けていくには情報や知識や技術が必要な場合もありますが、ハートの声に耳を傾けていれば、今自分が得るべき情報や知識や技術が何なのかを教えてくれるため、その声に従えば自然に必要なものが得られるので心配しなくても大丈夫です。

ハートに従って旅をするというのは、「どこに行くのかは秘密」というミステリーツアーのようでドキドキしたり、怖い思いをすることもありますが、ハートに従えば、「あなたが本当に求めているところに導かれる、素晴らしい旅」になることは間違いありません。

そして、そこにたどり着いた時には「信じられない」とか「こんなところに来るなんて想像もしていなかった」というような思いと、「どこかでこうなることを知っていた気がする」とか「こうなるような気がしていた」という思いが湧いてきて、自分はすべて分かっていたのだということを知ることになります。

そこに到着するまでの道のりを楽しみながら旅を続けてくださいね。

ハートの目的地までの道。ハートに従って行動しようとすると起こること

それでは、ハートのコールとインスピレーションを受け取って、ハートに従って生きていく過程で起こってくることについてお話をさせていただきたいと思います。

ハートに導かれて進んでいく旅の途中ではどんなことが起こるのでしょうか？

ハートに従い始めるだけで素晴らしいことが起こる

ハートに従い始めると、その瞬間から素晴らしいことが起こります。

自分自身のハートに意識を向けて、今この瞬間ハートが感じていること、ハートが訴えかけ

てきていることに気づき、ハートの願いや思いを実現するために一歩一歩歩き始めると、歩きはじめた瞬間から喜びや幸福感や満足感を感じられるようになります。ハートに従うということは、自分自身がありたい在り方をし、自分自身が本当に望んでいる方向に向かっているわけですから当然のことですね。

そして、**その一歩一歩歩むごとに踏みしめているその場所が、その瞬間瞬間のハートの目的地であるため、ハートは一歩一歩歩んでいること自体に喜びを感じる**のです。

また、ハートに従って生きるということが自然なことになってくると、色々な問題や様々な困難に直面して辛い時期を過ごしたり、全然目的地に近づいていないように感じて不安になるようなことがあっても、ハートに従っていることで常に喜びや幸福感や満足感とともに清々しい気持ちや安心感が感じられるようになります。

あなたがハートに従って歩む一歩一歩を楽しんで味わいながら、ハートの力を育んでいきましょう。

ハートのコールとインスピレーションを確認しながら進む

あなたがハートに従って歩き始めてからも、ハートは休むことなく、一瞬一瞬あなたを導き続けています。カーナビが目的地に着くまでお休みするということがないのと同じように、ハートは常にあなたが、ハートが向かいたい方向に進んで行くように思いや感覚を通じて働きかけ続けています。

ハートのコールやインスピレーションに気づいて、それに従って動き始めたら、その後はそのまま突き進めばいいというわけではなく、一歩一歩、ハートのコールやインスピレーションを確認しながら進むことが大切です。

ただし、前にもお話しさせていただきましたが、あなたの内に起こってくる思いや感覚には、ハートから生まれるものと、ハートから分離したエゴが生み出すものの2つがあり、この2つは、それぞれが求めているものや、求めている方向に進んでいるかどうかを知らせるために、「これがほしい」「これはいらない」「そっちに行けば欲しいものが手に入るからそのまま進んで」「そっちに行ったらほしいものが手に入らなくなるから引き返して」というように思いや感覚を通じて訴えてきます。

そしてその**ハートから生まれてくる思いや感覚と、エゴが生み出す思いや感覚はとても似ているけれども、よく観察してみると違いがある**ということもお話しさせていただきました。

ハートに従うことを決めたばかりの頃はこの見分けがなかなかつかないかもしれませんが、これはただひたすら練習あるのみ。自分自身の感じ方や気分、身体で感じる感覚やその他に感じているものなど、自分自身の状態を観察しながら、見分け方を習得していってくださいね。

ハートからの「そっちでOK」サイン

私たちがハートが求めているものに出会った時や、望む方向へ進もうとしている時にハートから生まれてくる思いや感覚（ハートのコールとインスピレーション）にはどのようなものがあったか覚えていますか？それらはハートに従って進むにあたっての「そっちでOK」というサインです。もう一度ここにリストアップしてみますので確認してみましょう。

絶対こっちだ、こうしたい、これをやった方がいい気がする、絶対にこれをやらなければならない、何か惹かれる、抵抗を感じる、魅力を感じる、衝動を感じる、切なる思いを感じる、何となくそちらに行きたい、何となくやった方がいい気がする、それが役割のような感じがする、神さまがそう言っていると感じる、それが使命のような気がする、確信が生まれる、喜び、嬉しさ、ときめき、憧れ、わくわくする思い、清々しさ、静けさ、安堵感、安心感、敬虔な気持ち、厳粛な気持ち、身の引き締まる思い、使命感、義務感、緊張感、ドキドキする感覚を感じる、などなど……

といったような、感情、思考、ひらめき、感じている感覚、身体の感覚、欲求、衝動、ひきつけられる感覚などでしたね。

ハートに従って一歩踏み出した後も、一歩ごとにこのような「そっちでＯＫ」サインが出されているかどうかを確認しながら進んでいきましょう。

一歩目はハートに従うのに、二歩目からはエゴに従ってしまう私たち

これまで何度も**一歩進むごとに「確認する」**というお話をさせていただいているのには、大きな理由があります。それはハートに従って生きるということを確立するまでは、私たちはいとも簡単に、道をそれてしまうからです。何事も、それが当たり前のことになるまでには時間がかかりますが、ハートに従うということもやはり同じように練習が必要です。

長い間たくさんの方々の人生に関わらせていただく中で、本当に多くの方がハートに従って一歩目を踏み出したのに、次の二歩目、三歩目からはエゴに従ってしまうというところを目にしてきました。

せっかく**最初の一歩目で、自分自身も喜びを感じ、自分以外の存在も幸せにするようなハートの願いを実現するべく行動をはじめたのに、その次の段階で、エゴの思いに従ってしまう**のです。

そして、ますますエゴの声にばかり耳を傾けるようになり、「ハートの願いなんて叶わないんだ」「自分には無理なんだ」「やっぱりこれは難しいことなんだ」と考えてあきらめてしまっ

たり、「まああいい気分で過ごせているからわざわざ大変な思いをしなくてもいいか」「他の人にくらべたらまずまずだからこのくらいでいい」と歩みを止めてしまったり、「やっぱりこれはリスクが高いからやめておこう」「大変そうだから何か他のもっと楽に結果が得られるものを探そう」「あっちの方がよさそうだ」と気が変わってしまったりして、ハートが本当に求めている未来へ歩いていくことができなくなってしまうのです。

多くの「夢を叶えられなかった」「本当に求めているものは手に入らなかった」と思っている方の人生に起こっているのはこういうことです。本来得られるはずのものを自ら手放してしまうわけなので、本当に残念なことですが、多くの方々がこのようなことを繰り返していらっしゃいます。あなたも思い当たることはありませんか?

私たちみんながこうなってしまうと、**私たち自身が本当の喜びや幸福感を感じられないだけでなく、この世界に生まれるはずだった素晴らしいものや、喜ばしい変化を私たちみんなが体験できなくなってしまいます。**あなたのハートの思いや願いはあなたとあなたを含むすべての存在にとってとても重要なものなのです。

このように二歩目からエゴに従って道をそれてしまうということにならないためには、**自分自身がこうなる可能性があるということを意識しながら、丁寧にハートに向き合っていく**ことが大切です。

何かのスポーツの練習をしはじめてすぐの段階では、意識していても、すぐに姿勢やフォームが崩れてしまうため、その都度その都度フォームを修正して、自然に最善のフォームでプレイできるように努力をしますね。それと同じように、「ハートに従うという在り方が崩れてエゴに従ってしまったら、またハートに従うという在り方に修正する」ということを繰り返していけば、徐々に「常にハートに従うことが自然」という在り方になっていきます。

ただし**慣れてきたらきたで、気が緩んで、ハートに従っていると思い込んでしまう**こともあるので、**最初は注意深く、そして慣れてきても注意深く、ハートの思いを確認し、ハートの思いを大切にして**進んでいっていただきたいと思います。

重たい気分という時こそ、ハートからの「そっちでOK」サインが出ていることもある

先ほどあらためてリストアップしたハートからの「そっちでOK」サインを見てみると、基本的に肯定的な感じのものが多いという印象を持たれると思いますが、「嫌な気分」や「重たい気分」になっている時が、ハートからの「そっちでOK」サインであることもあります。

例えば、ハートがやりたいと思っていることにチャレンジする時に、それが重大な責任を伴うことであったり、大変な苦難が予測されることであったり、大変な努力や何らかの犠牲を要

することであったり、命の危険を伴うようなことであるような場合、それをやろうとすると、「神さまがそう言っていると感じる、それが使命のような気がする、清々しさ、静けさ、安堵感、安心感、敬虔な気持ち、厳粛な気持ち、身の引き締まる思い、使命感、義務感、緊張感」といったものと同時に、「不安やプレッシャーや苦しみ」などを感じ、そのチャレンジをやめようとすると、「ほっとしたり、気が楽になったり、嬉しい気持ちになったりする」ということもあります。

「重大な責任を背負う」「大変な苦難を経験する」「大変な努力を要する」「何らかの犠牲を要する」「命の危険を伴う」などのことを全く抵抗なく喜べる方というのはほとんどいらっしゃらないので、**いかにハートがやりたいと思っていることであっても、チャレンジすると決めたら恐れや不安が湧いてきて気が重くなるということはごく自然なことでもあります。**

大きなチャレンジをする時というのは大変なことも多く、エゴの抵抗も大きいため、エゴがたくさんの思いを生み出して、「恐れや不安などの感情でいっぱい」になったり、「重たい気分」になってしまうということはよくあるので、そういう時こそむしろ、ハートに従ってチャレンジしようとしている自分に対して「ハートからのOKサインが出ている」こともよくあるのです。

寒い朝にベッドから出てコンサートに行こうとするのと、誰かを助けるために治安の悪いエリアに出かけて行こうとするのと、どちらが恐れや不安でいっぱいになるでしょうか？気が重いでしょうか？ほとんどの方は後者だと思います。このように、ハートが本当に望んでいることであっても、全然いい気分ではないということはありますね。

ただ、そこで「寒いから出かけたくない」とか「怖いし大変そうだからやめたい」というのはエゴの思いで、ハートは「寒くて不快でも楽しい時間を過ごしたい」「怖いし大変そうだけど、絶対に助け出したい」という思いを持っています。

コンサートに行くぐらいであれば、エゴも小声で文句を言うくらいですが、治安の悪いエリアに出かけていく時のように、チャレンジが大きく困難を伴うことが予想されるような場合は、エゴの声が大きくてハートの声がかき消され、結局エゴに従ってしまうということも多くなりがちですが、これもまた、練習により変えていくことができます。

「大きなチャレンジをする時は、たとえそれがハートが求めていることであったとしても、恐れや不安などの感情でいっぱいになったり重たい気分になって、チャレンジをやめたくなるものだ」ということを常に念頭に置いて、

「何か大きなことにチャレンジする時には、ハートの声を聞き逃さないようにする」と決めて、ハートの声に耳を傾け、

「たとえエゴが怖いし大変そうだからやめたいと言ったとしても、ハートがチャレンジしたいのであれば絶対にする」と決めてチャレンジする。

ということを繰り返すうちに、どんなことにもチャレンジすることができるようになっていきます。それはなぜかと言うと、ハートに従えば必ず、

・新しい何かが身につくことで自分自身の限界が拡がった
・無理だと思っていたことが可能になった
・自分自身がありたい在り方をしているため、自分自身を肯定することができ、清々しい気持ちを感じられた
・自分自身を大切にしていることから生まれる満足感を感じられた
・自分が信じていることや愛していること、やりたいことを大切にすることで素晴らしい出来事が起こった
・どんな問題や困難があっても、あきらめず、ハートの願いを実現できた
・自分以外の存在の幸せにも貢献しながら、自分自身も喜びを感じることができた
・自分以外の人や世界に喜びと幸せを感じてもらうことができた

といったような経験をすることになり、**「ハートに従えば、自分がなりたい自分に近づいていき、ハートが本当に求めていることを体験できて、ハートが望んでいる人生を生きられるようになる」ということや「ハートに従うと、自分以外の人やこの世界に素晴らしい変化が生まれ、喜びや幸せを感じてもらうことができる」ということが実感として分かってくる**からです。

水を怖がる子どもに、「水遊びは恐くないよ、楽しいよ」といくら言っても恐怖心はなくなりませんが、怖くてもチャレンジしていると、その楽しさが分かってきます。私たちもこのように怖くてもチャレンジしたことによって、可能性が拡がったり、素晴らしい体験ができたという経験をたくさんしているはずです。

けれども**多くの方は成長するにつれ、不快な思いを避けるためにチャレンジを避ける**ようになり、今までの人生の中で、怖くてもチャレンジしたことで「可能性が拡がった」「能力が開花した」「より素晴らしい自分になれた」「喜びを感じられた」という体験をしてきたことを忘れてしまって、チャレンジすることよりも「怖いし大変だからやめておきなよ」というエゴの声に従うという癖がついてしまっているのです。

エゴは私たちが本当に望んでいる人生を生きて、幸せになれるかどうかには関心がなく、今自分の安全が保障され、今何かを得られて、今いい気分になるということを求めて、好き勝手

なことを言うものなので、そのエゴには従わない練習をしていきましょう。

私たちは「ハートに従っている人」を見ると、感動し、勇気づけられますね。そして「自分もがんばろう」と思うこともあれば、「あの人はすごいな。自分にはできない」などと思うことがあると思いますが、**ハートに従うことが「できる人」と「できない人」というのはいません。「ハートに従うと決めて練習した人」と「ハートに従うと決めておらず、練習していない人」というのがいるだけ**です。

数千人を超える方々の人生を見つめてきて、私は**「どんな方でも、どんな状況にあってもすべての人がハートに従って自分自身が望む人生を生きることができる。そしてそれはその人の選択と訓練によって可能になる」**ということを知っています。

何かにチャレンジしようとして、恐れや不安などの感情でいっぱいで重たい気分という時こそ、ハートからの「そっちでOKサイン」が出ていることも多いので、まずはそのサインをキャッチして、チャレンジする練習を始めてみてくださいね。

ここでひとつ注意していただきたいことがあります。「よし。じゃあ恐れや不安があったり、気が重かったりやめたくなったりしても、とにかくチャレンジして突き進めばいいんだ」と思われる方もいらっしゃると思いますが、そうである場合もあれば、そうでない場合もあります。

エゴが生み出す恐れや不安や、やめたいという思いには従う必要はありませんが、ハートが「そっちに行かない方がいい」「そっちには行きたくない」と抵抗していたり、「違う形で違うタイミングでチャレンジした方がいい」というサインを出している場合には、もちろんそのハートの思いに従うことが大切なので、やはりその都度ハートの思いを確認してくださいね。

エゴマインドがつくり出すニセモノのコールやインスピレーションに注意！

これまでのお話でもうお分かりいただけているのではないかと思いますが、私たちが**「これはハートのコールだ」とか「これはハートからのインスピレーションだ」と思い込んでいるものの中にはエゴマインドがつくり出すものがたくさんあります。**

「自分はインスピレーションに従って行動している」と思い込んでいるけれども、実際はエゴに従ってしまっているという方をたくさんお見かけするのですが、そういった方が、**大勢の方々に賞賛され、喜ばれていて、多くの方の役に立っているように見え、社会的に見れば成功していると言われる状態にあったりすることで、ますます自分自身でそれに気づいたり、誰かにそれを指摘してもらえるということのないまま突き進んでいらっしゃる**ということもよくあります。

先ほどお話しさせていただいたように、ハートに従ってチャレンジする練習をしたり、ハートとエゴが生み出す思いや感覚の違いに意識を向けたり、ハートの力を育んでいったりすると、より明確にあなたのエゴがつくり出しているものと、ハートから生まれているものの違いが分かってきますが、本当にその違いが分かるようになるまでは、そして分かるようになってきても、チェックすることを忘れずに、あなたのハートの思いに丁寧に向き合っていただけたらと思います。

「わくわくすることをする」「好きなことをする」「引き寄せる」の落とし穴

また、よく幸せになりたいと思って色々なことを学んでいらっしゃる方から「わくわくすることをする」「好きなことをする」「引き寄せる」ということに熱心に取り組んでいるというお話をお聞きすることがあります。

もうお分かりかと思いますが、これもその**「わくわく」「好き」「○○を引き寄せたい」という思いの出どころがハートなのか、エゴなのかで、その取り組みによって得られる結果が変**

わってきますね。

そしてやはり、自分は「ハートの思いが分かっていて、ハートの思いに従っている」のだと思い込んでいてそれに気づくことができないという方をたくさんお見かけします。

幸せになるための様々な知識やメソッドに取り組んで、いくらあなたが望んでいるようなことが起こっても、いくらいい気分になったとしても、そこを見落としてしまうとあなたのハートが本当に求めている人生を生きられるようにはならず、かえってあなたを本当の幸せから遠ざけてしまうことになるので、見落とすことのないよう注意して、あなたのハートの思いに意識を向けましょう。

ハートに従うのが難しい時には

ハートの思いや願いを実現するために行動したいと思っても、ハートに従うことが難しいと感じられる場合があります。そういう場合は大抵、**一足飛びにそれを実現しようとしている**ことが多いものです。

失うものがある、誰かに迷惑をかけることになる、経済力や知識や技術や時間が足りない、家族の介護がある、健康に問題がある、などなど様々な事情があってハートに従うことが難しく感じられるということはよくあることですが、ハートはどんな状況からでも、あなたの願いを実現するために導いてくれるので、そういう時にこそ静かにハートの声に耳を傾けて、導いてもらえば、必ずハートの思いや願いを実現することができます。

また、こういう時こそあきらめず、ものごとを進めていかなくてはとばかりに、思いのままに無理に事を進めようとする方もいらっしゃいますが、「今こういうやり方で事を進めたい」というエゴの思いに従ってしまっていないかどうかに注意する必要があります。

ここでCさんというクライアントさんのお話をさせていただきたいと思います。

「会社を辞めて、大好きな植物に関わる仕事をしたい、というハートの願いをお持ちのCさん。その段階でCさんは始まったばかりのプロジェクトを抱えていて、すぐに会社を辞めることができないという状態。その上、子どもが進学を考えている学校の学費が高額で、今のお給料くらいの収入が確保できなければ、子どもが進学をあきらめざるを得なくなってしまう。しかもパートナーが体調を崩して休養中なため、自分一人で収入を確保しなくてはならないという事情も」

こういったことは多くの方が経験されているのではないでしょうか？このような場合、この段階であきらめてしまうという方も多くいらっしゃいますが、Cさんはこういう状況にあっても、この夢を実現したいという思いをお持ちでした。そして、セッションの中で「会社を辞めたいのですが、やめられないのです。ハートに従いたいと思ってもそれができずに苦しい思いをしています。やっぱり現実的に考えるとハートに従うということは難しいと感じます。一体どうしたらいいのでしょうか？」とおっしゃっていました。

このようなご相談をいただくことは本当に多いのですが、これこそ**一足飛びにハートが願うことを実現しようとしている**例です。旅に例えるなら、パリに行きたいと思ったら、すぐにパリにいるということを望んでいるようなものです。もうお気づきだと思いますが、すぐにパリにいることを求めているのは「エゴ」ですね。

ステップを分解してみるとどんな時もハートに従うことができる

ハートの願いは必ず実現することができますが、一足飛びにそれが実現するというわけではありません。ハートはあなたが認識できないたくさんの思いや願いも持っているため、成長し

たいとかこんな経験をしたいという思いや願いが他にあると、それを実現しつつそこに向かおうとします。そうすると、パリにすぐに行くということだけでなく、そのための勉強をしたり、そのために自らを成長させたりということをすることになるわけです。また、現実的にもパスポートを取得する、チケットを取る、ホテルの手配をする、下調べをする、必要なものを買いそろえる、荷造りをする、というように様々なするべき準備をする必要がありますね。

こうなってくると、その過程であきらめてしまう方もたくさんいらっしゃるのですが、ハートの願いは必ず実現することができるのですから、それはとてももったいないことですね。

ハートが実現したい願いがあるのに、「すぐには無理だし、難しそうだからやめよう」とするのはエゴの思いです。

旅と人生は違うと思われるかもしれませんが、実際にたくさんの方の人生に関わらせていただき、その方のハートの願いが実現するようにサポートさせていただいている中で、それが旅であろうと、人生であろうと全く同じであるということを実感しています。

エゴの「はやる思い」に惑わされず、ハートの声に耳を傾けて、丁寧に向き合うと、ハートは必ずそこまでの道のりをひとつひとつ示してくれます。しかも、私たちがちゃんと一歩ずつ歩みを進めることができるように、今できることを教えてくれるのです。

一歩一歩、そこまでの道を分解して、少しずつだったら進んでいくことが誰にでもできます。すぐには実現できなさそうなハートの思いや願いも、そこで無理だと却下してしまったり、嫌だと拒絶してしまわずに、ハートに次のような問いかけをしてみてください。


「どうしたらそれが実現するだろうか？」

「どうやったらその方向に進んでいけるだろうか？」

「何をしたら少しでも実現に近づくことができるだろうか？」

「それを実現するためにはどのようなステップを踏めばいいのだろうか？」

「今すぐできることは何だろうか？」

「今何をする必要があるだろうか？」


ここでポイントとなるのは、この答えを得て実行しようとする時にエゴの声に耳を傾けないということです。エゴは「そんなんじゃだめだ」「そんなのは時間がかかりすぎる」「そんなんじゃ意味がない」「この方がいい」「そんなことしたくない」など色々なことを訴えてきます。エゴが訴えてくることについては、243ページのリストをご覧いただくと、よりエゴの声に気づきやすくなるので、エゴの声に気づくためにリストを使っていただくといいと思います。

ハートに従って、ハートの願いを実現するための問いかけ

エクササイズ6 ハートに従って、ハートの願いを実現するための問いかけ

ノートとペンを用意して、静かに座ります。

メディテーションを行い、感情とマインドを鎮めます。

こころが鎮まったなと思ったら、深い呼吸を3回繰り返します。

深呼吸をしたら、楽な呼吸に戻してください。


そして、あなたが「私」という感覚（ハート）を感じるところに、手を当ててください。

手を当てたまま、「私」という感覚（ハート）を感じてみましょう。

あなたが実現したい「ハートの願い」を思い浮かべます。

そして、あなたのハートに問いかけます。

「どうしたらそれが実現するだろうか？」

「どうやったらその方向に進んでいけるだろうか？」

「何をしたら少しでも実現に近づくことができるだろうか？」

「それを実現するためにはどのようなステップを踏めばいいのだろうか？」

「今すぐできることは何だろうか？」

「今何をする必要があるだろうか？」


そのように問いかけて、あなたのハートからの答えを待ちます。

あなたの思い（感情や思考）や、あなたの感じていることにも意識を向けましょう。


答えを受け取ったらノートにそれを書き記します。

そして、その答えを見て感じたことや、考えたこと、気づいたことなどをノートに書き記し、それを見てまた考えを深め、その内容もノートに書き記しましょう。

※「それを実現するためにはどういうステップを踏めばいいのだろうか？」という問

いかけについての答えを受け取る際には、100くらいのステップに分けると、ひとつひとつのステップがとても実行しやすいものになります。100も思い浮かばないという場合も、できる限り実行しやすいよう細かいステップを考えて書き出してみてください。そして、最初のステップは今すぐ実行できるような簡単なものにしてください。

※問いかけの言葉は、一度に全部ではなく、1つか2つずつ選んで問いかけた方がやりやすいという方もいらっしゃるので、お好きなやり方で実践してみてください。

このステップをひとつひとつ踏んでいけば、最善のタイミングで、最善の形でハートの願いが実現します。もし行き詰った時は何度もこれを繰り返せば、必ずハートが答えをくれ、導いてくれます。もし答えが得られないとしたら、ただ待つべき時であったり、今その答えを得ない方がいいという時であったり、エゴの声が大きいという時です。最初の2つの場合はただ待つということが大切ですし、エゴの声が大きい時には、そのエゴの声に耳を傾けて、問題を解決したり、感情とマインドを鎮めるということをしてみてください。

先ほどのAさんはこのステップを繰り返し、10年かけてハートの願いを実現され、現在本当に幸福感あふれる毎日を生きていらっしゃいます。

ひとつひとつステップを踏んで進んでいく間、不安になることも多いと思いますが、ハートが教えてくれることには間違いはありませんので、日々をハートで楽しんで味わいながらあなたのハートの願いを実現する方向に旅を続けていってください。

困難や抵抗やあきらめに対処する

旅の途中では本当に色々なことが起こりますが、時としてハートが求めていることを実現するまでの間に、今の自分が絶対に体験したくないと思うようなことを体験したり、思った以上に時間がかかったり、苦痛をともなう努力を必要とするというような経験をすることもあります。

たとえば、

「ある日ハートに『山に登りたい』という思いが芽生え、そのためのトレーニングを始めた。最初のうちはちょっとしたトレーニングすら辛く、すぐにやめてしまうような状態だったため、自分には無理かもしれないと思いつつもトレーニングを続けていたところ、徐々に負荷の高いトレーニングもこなせるようになっていき、最終的に登りたいと願っていた山の登頂を目指すというところまでいったものの、体調不良で断念。その後も故障が続き数年が経過したところで、いったんあきらめたものの、再挑戦しようと決意。そこからさらに数年間トレーニングを積んだ後に再挑戦したところ登頂に成功した」

というような道をたどることになることも多いわけですね。

私たちのマインドは、今まで自分の人生の中での、これは不快だった、これは快適だった、これは楽しかった、これは楽しくなかった、これは楽だった、そしてこれは大変だった、これはうまくできた、これはうまくできなかった、これは評価された、これは評価されなかった、というような**色々な体験から、自分自身や他人やこの世界や物事に対する考えやイメージを持つようになり**、それに基づいた判断によって、**これは自分にできる、できないとか、やりたい、やりたくないといったように色々な体験をフォルダ分けしていき「できない」「やりたくない」というフォルダに入っているようなことを、避けようとする**傾向があります。

その結果、今まで発揮できていなかった才能や可能性を開花させるための挑戦や努力をしなくなってしまうということが多々あります。そうなると**大切なハートの思いや願いが「無理」「大変」「嫌」などと簡単に却下されてしまい、あなたが本来開花させ発揮できたはずの才能や**

可能性がそのまま放置され、あなたが本当になりたい自分になり、あなたが本当に生きたい人生を生きられなくなってしまうということが起こるわけです。それは本当にもったいないことだと思いませんか?

もちろん「ハートマインド」が「できない」「やりたくない」というフォルダに入れたようなことは、ハートが求めていることではなく、自分を含めたあらゆる存在の幸せにはつながらないことなので、やらなくてもいいのですが、**「エゴマインド」が「できない」「やりたくない」フォルダに入れたものの中には、ハートが本当に求めている、自分を含めたあらゆる存在の幸せにつながるようなことがある**ため、私たちの「できない」「やりたくない」フォルダの中身をチェックしてみることが必要です。

ここで、少しあなたの人生を振り返って思い出していただきたいのですが、幼少の頃から今まで、あなたは長い長い時間をかけて、たくさんの努力をした結果、本当に多くのことを身につけてきました。

例えば、字を書くことや、洋服を着るなどという、今では当たり前にできるようになっていることも、最初は全然うまくできず苦労したはずです。そのための練習や努力の中には、楽しめたものもあれば、とても不快で苦痛で大変だったものもあると思います。けれどもそういったことができるようになったおかげで、今、あなたの人生はとても豊かになり、素晴らしい時間を過ごせているはずです。

また、こういったこと以外にも、今までの人生の中で、意味も分からず取り組んできたという経験や、ハートの願いを実現するためにがんばってきたという経験の中には、大変だったけれども意外とやればできたということや、本当に嫌で嫌で仕方がなく辛かったけれども本当にやってよかったということがたくさんあるはずです。

ただ、大人になるに従って、先ほどお話しした「できない」「やりたくない」というフォルダの中に入れてしまうものが多くなっていき、ハートのコールやインスピレーションが来た時に、時間や努力を要するかもしれないけれども（そうでもないかもしれませんが）、**本当はできるはずのこと、ハートが本当にやりたいと思っていることにチャレンジしないということが増えてきてしまう**のですね。

そうなると、あなたのハートが本当に求めていることを、実現しようとしなくなる可能性が高くなってしまいます。

あなたのハートの思いや願いは必ず実現できるようになっています。もちろんそのためには、あなたがハートの思いを大切にして、ハートに従って行動し、それが実現するまであきらめないということが必要ですが、逆に言えば、そうすれば、あなたのハートの思いや願いは必ず実現するということなので、それを無視してしまったり、あきらめてしまうのはとてももったいないことですね。

聖書の中に、

あなた方の内に働きかけて、その願いを起こさせ、
かつ実現に至らせるのは神であって、
それは神のよしとされるところだからである。

という御言葉があります。

神さまがよしとしてくださる願いだということを考えると、これはエゴの願いではなくハートの願いであると言えるので、**私たちのハートに働きかけて願いを生みだし、それを実現するのは、神さま（宇宙や森羅万象）で、それを神さまが認めてくださっている**ということです。**あなたのハートから願いを生みだして、その願いを神さまが実現してくださる。そして神さまも、宇宙も、森羅万象もそれを認めてくれている**わけですから、あなたのハートの願いが分かったら、あとはあなた自身がそこに向かって進んでいくのみですね。

よく問題や困難にぶち当たると、神さまに応援されていないのではと思われる方もいらっしゃいますが、それがハートからの願いであるのなら、必ず応援されていますし、神さま（宇宙や森羅万象）があなたとともにそれを実現してくれます。

ただし、どんなに応援されていたとしても、あなたの魂の目的を達成するために必要な問題や困難はやってきますし、その願いを実現するまでの間に、「あなたのエゴは望んでいないけれども、ハートが望んでいる」問題や困難はやってきます。あなたがハートに従っている限り、不必要な問題や困難を経験することはないので、その問題や困難は必ずあなたにギフト（恩寵）をもたらしてくれます。

次のような問いかけをして、直面する問題や困難からギフト（恩寵）を受け取り、あなたのハートの願いを実現するために歩みを進めていきましょう。

問題や困難からギフト（恩寵）を受け取るための問いかけ

エクササイズ7　問題や困難からギフト（恩寵）を受け取るための問いかけ

ノートとペンを用意して、静かに座ります。
メディテーションを行い、感情とマインドを鎮めます。

こころが鎮まったなと思ったら、深い呼吸を3回繰り返します。

深呼吸をしたら、楽な呼吸に戻してください。

そして、あなたが「私」という感覚（ハート）を感じるところに、手を当ててくださ
い。

手を当てたまま、「私」という感覚（ハート）を感じてみましょう。

あなたが現在直面している問題や困難を思い浮かべます。

そして、あなたのハートに問いかけます。

「どうすればこの問題を解決し、ハートの願いを実現できるだろうか？そして、そのためにはどのようなステップを踏めばいいだろうか？」

「どうすればこの困難から抜け出して、ハートの願いを実現できるだろうか？そしてそのためには、どのようなステップを踏めばいいだろうか？」

「今すぐできることは何だろうか？」

「今何をする必要があるだろうか？」

「この問題や困難から学べることや気づくべきことは何だろうか?」

「この問題や困難を経験して得られるものは何だろうか?」


そのように問いかけて、あなたのハートからの答えを待ちます。

あなたの思い（感情や思考）や、あなたの感じていることにも意識を向けましょう。

答えを受け取ったらノートにそれを書き記します。

そして、その答えを見て感じたことや、考えたこと、気づいたことなどをノートに書き記し、それを見てまた考えを深め、その内容もノートに書き記しましょう。

※ステップについての問いかけの答えを受け取る際には、100くらいのステップに分けると、ひとつひとつのステップがとても実行しやすいものになります。100も思い浮かばないという場合も、できる限り実行しやすいよう細かいステップを考えて書き出してみてください。そして、最初のステップは今すぐ実行できるような簡単なものにしてください。
※問いかけの言葉は、一度に全部ではなく、1つか2つずつ選んで問いかけた方がやりやすいという方もいらっしゃるので、お好きなやり方で実践してみてください。

何か問題や困難に直面した時にこのエクササイズを実践していただくと、問題や困難を抱えた状態から、最善の形で、最善のタイミングで抜け出すための、智恵をハートから受け取ることができますし、この問題や困難から学ぶべきことを学び、気づくべきことに気づくことができます。

それによって、あなたはあなたが直面した問題や困難から、「自身がなりたい自分に近づき、あなたのハートが本当に生きたいと願っている人生を生きるためのギフト（恩寵）」を受け取ることができるようになります。

すべての問題や困難は、あなたのハートの願いを実現するためのギフト（恩寵）です。怖がらずに、問題や困難という箱に入ってやってくるギフト（恩寵）を受け取って、あなたが本当に望んでいる人生へ進んでいきましょう。

アドバイスやサポートを受けることの大切さ

私たちは常にハートに導かれているので、問題にぶつかったり、困難に直面した時にはどうすればいいのかはハートが教えてくれます。ただし、これは**誰かの助けを得なくてもいいということではありません。むしろハートは積極的にサポートを求めるべきだということを伝えてくれることがあります。**

心理学的なことや、自己啓発、スピリチュアリティなどに関心があって、「自分自身の中にすべての答えはある」という言葉をとても大切だと考えている方や、「他人には自分のことなんて理解できない」とか「誰にどうやって助けを求めていいのか分からない」と感じている方や、「自分のことは分かっているから、自分の問題は自分で解決できる」という思い込みの強い方は特に、アドバイスやサポートを受けることをせず、自分自身で何とかしようとしてしまう傾向がありますが「自分自身で何とかできる」とか「自分自身で何とかしなくては」というのがエゴの思いである場合もあります。

ハートは困難に直面した時にどうしたらいいかを教えてくれますし、私たちが気づくべきことに気づけるようにメッセージを送り続けてくれていますが、**私たちの内にあるエゴに邪魔されてしまったり、私たちの意識がまだそこまで発達していないということもあり、そのメッセージをすべて認識することができない**ため、それに気づくためには誰か他の人からのサポートや、外の世界からのメッセージが必要です。

基本的にはこのような方からサポートしてもらうのがいいという条件はありますが、エゴの思いでいっぱいになっている時には、他人の方があなたのことをよく分かっていて、いいアドバイスをしてくれるという場合もありますし、自分では気づかないあなたのハートの願いにも、他人は気づいているということもよくあるため、信頼できる方がいたら、アドバイスをもらったり、サポートしてもらうこともとても役に立ちます。

また、**他人には自分のことなんて理解できないというような思いを持っている方は、逆に他人のことが理解できていないということが多い**ため、自分自身のことや自分以外の人のことを理解するための努力をしていくと、このような思いが薄れていくということもよくあります。また、他人は自分を理解できないと思い込んでいるだけのこともあり、アドバイスやサポートを受けてみたら、その勘違いに気づくということもあるので、ますはアドバイスやサポートを受けてみるということをしていただくといいと思います。

そして、「誰にどうやって助けを求めていいのか分からない」という方は、まずはハートに「誰にどうやって助けを求めればいいのだろうか」ということを聞いてみると、必ずどうしたらいいかを教えてくれるので、ハートがくれた答えに従って助けを求めてみましょう。また、自分をサポートしてくれそうな人に「私はこのような問題を抱えているのですが、誰にどうやって助けを求めればいいのか分からないので困っています。こういう場合はどうしたらいいと思いますか?」と尋ねてみると、自分では得られない情報が得られることも多いので、まずは助けを求めてみるということをして、サポートを受けることに慣れていきましょう。

また、**「自分のことは分かっているから、自分の問題は自分で解決できる」という思い込みを持っている方は、何かを怖れているのにそれに気づいていなかったり、見たくないことや気づきたくないことがたくさんあったりとエゴの怖れや思い込みの力が強く、自分自身や物事を正しく認識することができません。**そのため、自分が知っていることと知らないことや、他人が知っていることや知らないことが分からず、アドバイスやサポートを受けることの必要性を感じられないため、ハートを開いて謙虚にアドバイスをもらったりサポートを受けるということができません。

このような傾向にある方は、社会的に高い地位にあったり、何かの分野で成功をおさめている方や、何かを教える立場にある方、宗教や自己啓発やスピリチュアリティに関する分野で講師や指導者の立場にある方にも多くいらっしゃいます。このような方々以外にも、人と対等な関係を築いたり、深い信頼関係を築くのが難しいという方や、自分のエゴを満足させてくれるような人間関係しか持てないという方や、周囲に率直で正直な意見を伝えてくれる人がいないという方もこうした傾向があるため、注意が必要です。

このような傾向がある方こそ、ハートやエゴの思いに気づくためには人からのアドバイスやサポートが必要ですが、なかなか人からのアドバイスやサポートを受け取ることができないことも多いため、**まずは自分自身にこのような傾向があるということを認識し、エゴの思いに気づいて自分自身を変えていくということが必要**になります。

ただし、このような傾向を自分一人で変えていくのは難しいため、正直なフィードバックをすることに協力してくれる方がいたら、定期的に正直で率直なフィードバックをもらったり、専門家のサポートを受けることをおすすめします。

アドバイスやサポートをしてもらう方の条件

よくいただくご質問に、問題にぶつかったり、困難に直面した時にはどのような人にアドバイスを受けるのがいいのでしょうか？というものがあります。もちろんその答えは、時と場合にもよりますが、このような人にお願いするといいという基準はありますので、ここにリストアップしてみたいと思います。

①ハートの思いというものを大切にしていて、ハートに従って生きている方
②ニュートラルに話が聞けて、何かを決めつけたり、意見を押しつけたりしない方

③本当にあなたのことを愛してくれていて、あなたがハートに従って本当に幸せだと感じられる人生を生きることを願ってくれている方
④自分のエゴの傾向に気づいていて、その影響を受けずにアドバイスできる方
⑤マスターや大師と言われるようなエゴがない方
⑥特定の分野に関しての知識や経験が豊富な専門家の方（できるだけジャッジや思い込みが少なく、ニュートラルで意見を押しつけないような方）

必ずしもこのような方に出会えるとは限りませんが、ハートがこのような方を求めている場合は必ず最善のタイミングで、ご縁をいただくことができます。このような方々はエゴにとらわれず、あなたがハートの思いやエゴの思いに気づくことを助け、あなたが、問題や困難を解決し、ハートの思いに従ってハートの願いが実現するようサポートしてくださるので、できる限りこのような方々にアドバイスやサポートをお願いするようにしてください。有名な方だから、権威のある方だから、人柄がよさそうだから、お世話になっているからというような理由でアドバイスを受けようとするのは、エゴの思いの可能性が高いため、うまくいくこともありますが、あまりおすすめはできません。

急を要する時や、本当に困っている時には、近くにいる方からしかアドバイスやサポートをもらうことができないということもありますが、そんな時はあなたのハートの声に耳を傾けながらいただいたアドバイスやサポートをいい形で活かしていくようにしましょう。

あなたが、**問題にぶつかったり、困難に直面した時に適切なアドバイスや適切なサポートを受けることはあなたが問題や困難を解決し、ハートに従って進んでいくためにとても役に立つ**ので、ハートの声に耳を傾けてハートにサポートしてもらうように、信頼できる方のアドバイスに耳を傾け、サポートを受けることを習慣づけてくださいね。

私のウェブサイト http://shanthi.jp の中の、「Power of the Heart ― 現実は脳ではなくハートでつくる」のページの記事の中でもアドバイスやサポートを受ける時というテーマについてお話をさせていただいていますので、参考にしていただければと思います。

感情に対処する

ハートに従って旅をしている中で私たちは本当にたくさんの感情を抱きます。そんな感情とうまくつきあえる時もあれば、強い感情に圧倒されてしまい、全くハートに従えなくなってしまうという時もあります。

感情や思考がどのような働きをしているかは、1章でお話しさせていただいたので、ここではすべてを詳しくお話しするということはしませんが、お話を進めていくにあたって必要な部分についてはもう一度お話しさせていただきたいと思います。

感情はこころという湖に起こる波のようなもので、波をひき起こす原因があれば波が立ち、原因がなくなれば自然に静まるということを繰り返しています。

①あなたが求めているものが得られたり、得られなかったりという現実
②あなたが求めている方向に進んでいたり、違う方向に進んでいたりという現実
③あなたが持っている考え
④何らかの状況を体験した時にあなたの内に起こってくる考え
⑤蓄積してしまった感情
⑥あなたの状態（身体的・精神的）

このようなものが波を引き起こす原因となり波（感情）を起こします。

「感情」という「波」を観察し、その波を起こしているものを見れば、**あなたがどんな考えを**

持っているのか、あなたにどんなことが起こっているのか、あなたがどういう状態なのか、あなたが何を求めているのかが分かります。感情はそういったことを知らせてくれる役割を果たしてくれているのですね。

そして、何らかの感情（波）が起こった時には、まずは、

(1)**その感情に気づき、その動きを止めたり抑え込んだりすることなく、ただ感じる。**

(2)**感情が知らせてくれていることに気づく。**

ということをした上で、

(3)**この①～⑥の感情という波を引き起こすものを変えたり、失くしたりする。**

ことができれば感情は静まっていきます。

(3)をシンプルに言えばそれぞれの原因に対して、

❶あなたが求めているものを得るか、状況をあなたが求めているものに変える。

❷あなたが求めている方向に進む。

❸あなたの持つ考えを変えるか、手放す。

❹何らかの状況を体験した時にあなたの内に起こってくる考えを変えるか、手放す。

❺蓄積している感情を解放する。
❻あなたの身体的・精神的状態を整えたり変えたりする。

といったことをする必要があるということで、こういったことをすれば感情という波はおさまるわけです。感情は役割を終えて消えていくということですね。

ただ、私たちはまず最初のステップである❶のところでつまずくこともよくあります。

感情にはハートから生まれるものと、エゴマインドが生み出すものの2つの種類がありますが、先ほどもお伝えしたように、感情という波が起こってきた時にはそれがハートから生まれるものであれ、エゴマインドが生み出すものであれ、**まずはその感情の動きを止めたり抑え込んだりすることなく、ただ感じる**ということが重要なのですが、私たちは「感情という波をただ感じる」ということがなかなかできず、**感情という波を止めようとしたり、抑え込もうとしたり、気持ちがそれてしまったり、感じている最中にあらたな考えを投入してさらなる波を引き起こしたり、無視したり**ということをしてしまいます。

そうなると感情という波のエネルギーは自然な過程を経ておさまっていった後、終息するということができず、さらなる波を引き起こしたり、抑えつけた蓋の下でずっと大小の波を起こし続けていたり、どこかに溜めこまれてある日それが溢れ出て大きな波を引き起こすというようなことになるため、「おさまっていった後、終息するまでただ感じる」ということを心がけてください。

大きな感情が出てきたとしても、その波を妨げることなくただ感じ切れば、多くの場合数十秒でその感情はおさまっていき終息します。感じているのに終息しないという場合は、マインドが働いてしまい、あらたな考えを投入して、次々と感情を引き起こしているか、蓄積している感情があるかのどちらかです。

感情を感じ切り、感じている時には考えないということを徹底して、どうしても考えたければ、感情を感じ切ってからにしましょう。

また、感情が私たちに知らせてくれていることに気づくことも大切です。その知らせてくれていることの中には、一応知らせておくねといった、「ちょっとしたお知らせ」程度のものもあれば、「重大なお知らせ」というものもあります。ちょっとしたお知らせ程度のものであれば、ただ感情を感じて、「ふ〜ん。そういうことね」とサラッと気づいて、必要ならパパッと対処するというくらいでいいのですが、重大なお知らせだった場合は、そのお知らせの内容をしっかりと見て、それにしっかり対処するということをする必要があります。対処する必要があるのに**そのまま放置してしまうと、表面上は波がおさまったように見えても、繰り返し同じ**

ような感情の波がやってきたり、ある日対処しきれないような大きな感情の波としてやってきたりするため、放置してしまうことのないようにしましょう。感情は何かをお知らせしてくれるリマインダーなので、無視したり、放置してしまえば、私たちがそれに気づいて対処するまで、繰り返し繰り返しメッセージを送ってきます。

もちろん仕事中だったり、やることがたくさんあったりして、どうしても感情と向き合う時間がとれないこともあるので、その場その場で対処するということができない場合も多いと思いますが、どこかで向き合う時間をつくるようにしてくださいね。

感情を引き起こす原因が「⑤蓄積してしまった感情」である場合を除いては、感情という波が起こり、その感情に気づいて感じ、感情が知らせてくれていることに気づいて、❶❷❸❹❻(❺以外)を行えば、感情は役割を終え鎮まっていきますが、時として❶❷❸❹❻を行ったとしても、その感情がなかなか鎮まっていかず、終息しない場合もあります。

そういう場合は、❶❷❸❹❻のやり残しがあるか、先ほどお話ししたように、**感じている最中にあらたな考えを投入してさらなる波を引き起こしている**か、あまりにも大きく感情が動くようなショックな出来事があり、その感情を受け止めきれなかったり、感情の波を感じることに抵抗があったり、何かに気を取られていたり、忙しかったりという理由で、感情を感じることを**止めようとしたり、抑え込もうとしたり、気持ちがそれてしまったり**して中途半端にしか感情を感じられず、感情を感じ切ることができていないため、感情と向き合う時間をとって、ただ感情を感じて、その感情の波が終息するまで感じ切る、ということをしてみてください。

感情を感じ切る際のコツは、**何かに妨げられることのないような環境で行う**ということと、**身体の感覚も含めて、自分の中に起こっている感覚に集中して感じる**ということと、**マインドを働かせて考えるということをせず、感情を感じることだけに集中する**ということです。始めのうちは、感じている時に考えが浮かんできたり、自分の感じている感覚に気づきづらかったりして、なかなか感じ切るというコツがつかめないかもしれませんが、練習を重ねているうちに、徐々にコツがつかめてくると思いますので、練習を続けてみてください。

また、どれだけやってもなかなか自分自身の感じている感情に気づけないという場合は、うつなどの精神的な問題を抱えていたり、発達障害の傾向がある可能性もあるため、そういった問題についての情報を得たり、専門家の方のサポートを受けていただくことをおすすめいたします。とはいえ、何か精神的に問題を抱えている場合でも、感情を感じる練習をすることによって、その問題が軽減したり、解決する場合もありますし、発達障害の傾向があったとしても、練習を続けるうちに、自分自身の感情に気づきやすくなっていくので、練習を続けていただくことは役に立つので、自分なりのペースで練習を進めていってください。

ただし、練習をすすめていく際に、もしあまりにも大きな感情の波が次から次へと生まれてきて対処できないという場合や、ひとつの大きな感情をずっと感じていてどうしても抜けられず苦しいという場合は、無理をせず、専門家の方のサポートを受けていただくことをおすすめいたします。

そして⑤の**蓄積している感情がある場合も、やはりなかなか感情が終息していかないということが起こります。**そういった場合、自分自身でその感情に気づいて感じることができるようであれば、感情と向き合う時間をとり、その感情を感じ切るということをしてみてください。

通常の感情であれば、ほとんどの場合、感じ切るのに数十秒ほどしかかからないのですが、蓄積している感情がある場合は、その蓄積している感情のひとつひとつの感情を感じるのには数十秒しかかからないとしても、**蓄積している量や感情との向き合い方によっては、それぞれの感情に気づいて、感じ切るまでに、数時間から数か月、場合によっては何年もかかる場合もあります。**

ただ、時間がかかったとしても、感じ切ることでいつかその感情は必ず終息していきますし、生きていく中で、❶〜❻に取り組んでいったり、自然に❶〜❻が起こることによって、ある日その感情がなくなってしまうということも起こります。

また、**ハートの22の力が目覚めてくると、私たちのものの捉え方が変わって様々な気づきや**

癒しが起こり、感じる感情が変化してきたり、ある日突然今まで抱えていた感情が消えて、安らぎや幸福感を感じられるようになるということも起こりますので、❶～❻に取り組みつつ、ハートの力をバランスよく育てていくということをしていってください。

私たちが本当に幸せになる方向へ、ハートが求める方向へと導いてくれる感情

また、これまで❶～❻を行うという前提でお話をさせていただきましたが、ハートから生まれるものと、エゴマインドが生み出すもの、この2つのうち、ハートから生まれるものは私たちの「ハートから沸き起こる自然な感情」で自然現象と同じです。その感情を生み出す考えも「ハートから生まれる考え」であり、私たちがハートの願いを実現することを妨げることはないため、感情がハートから生まれているものであれば、❸と❹のように考えを変えたり手放すは必要ありません。ハートから生まれる感情は、**「ハートとともに働いて、ハートが求めているものを知らせ、ハートの願いが実現する方向へと導いてくれる」**もので、ハートの感情に気づいて、ハートが求めているものを得たり、状況をハートが求めているようなものに変えたり、ハートが求めている方向へ進み始めたりすれば、ハートの感情は役割を終えて不快な感情

は消えていき、特に問題にはなりません。

一方エゴマインドが生み出す感情はどうでしょうか？エゴマインドが生み出す感情は、ハートから生まれる感情のように自然に起こるものではなく、私たちのエゴがつくり出しているものです。そしてその感情を生み出す考えも「エゴが生み出す考え」であり、私たちがハートの願いを実現することを妨げます。感情がエゴマインドから生まれているものであれば、❸と❹にあるように考えを変えたり、手放す必要があります。

また、エゴマインドから生まれる感情は**「エゴマインドとともに働いて、エゴが求めているものを知らせ、エゴの願いが実現する方向へと連れていこうとする」**ものであるため、エゴの感情に気づいて、エゴが求めているものを得たり、状況をエゴが気に入るようなものに変えたり、エゴが求めている方向へ進み始めたりすれば、感情は役割を終え、不快な感情は消えていきますが、そのようにエゴの要求を満たして感情を鎮めようとすれば、ハートが求めている方向とは違う方向に進んでしまうため、私たちが本当に求めている人生を生きることができなくなってしまいます。

エゴマインドが生み出している感情が大きく活動している時には、感情に翻弄されてしまって、ハートの声も聞こえず、ハートに従うこともできなくなってしまいます。そういった時に私たちは感情とどのように向き合い、どのように対処すればいいのでしょうか？

エゴの感情に向き合って、対処するための方法はいくつかありますので、紹介させていただきたいと思います。

1つ目の方法は先ほどもお話しさせていただきましたが、❶と❷にあるように、エゴの要求に従って、エゴが求めていることをしたり、エゴが求めているものを手に入れたり、状況をエゴが求めているものに変えたり、エゴが求めている方向に進むということです。そうすれば、**エゴマインドの要求が満たされるのでとりあえずエゴの感情は静かになりますが、それでは本当にハートが求めている方向には進めないので、意味がありません。**となると別の方法をとる必要があります。

別の方法はいくつかありますが、そのひとつである現在感じているエゴの感情や、その感情を生み出す**「エゴマインドの考えや欲求の奥にある、ハートの願いに気づく」**ということはとても効果的です。

例えば、「いつでも一番になりたい。人より優れていたい」というエゴの思いをお持ちの方が、ハートを感じて、ハートの思いに耳を傾けてみたら、「自分の才能を発揮して、人に感動してもらいたい」という思いに気づき、エゴの思いが小さくなっていった、というようなことがよくあります。

もちろん、これだけで変わる場合もあれば、エゴの自分の中にある他の考えや信念や感情を手放すことができないと変わらない場合もありますが、このように、ハートの思いに気づくと、それまでよりもエゴの影響を受けにくくなりますし、場合によっては、気づいただけで、エゴの思いが消えてしまうこともあるので、あなたのエゴの思いの奥にある、ハートの思いを感じる練習をしていきましょう。

多くの方がエゴの思い（考えや信念や思い込みや感情など）を手放したい、変えたい、という思いを持ってセッションにお越しくださいます。セッションには本当に様々な方がお越しくださり、みなさんそれぞれが抱えている問題も、置かれている状況も、現在の状態も異なります。そのため、取り扱うことや優先すべきことや、セッションでお話しさせていただく内容も全く違うものになるのですが、どの方にとっても、現在感じているエゴの感情や、その感情を生み出すエゴマインドの考えや欲求の奥にある、ハートの願いに気づくことが大切であるということは共通しており、それに気づくだけで、エゴマインドの考えや欲求に変化が起こり、エゴの感情が鎮まっていくということはよくあります。

あなたもエゴの思いに翻弄され、苦しい時があると思いますが、そんな時はエゴの思いの奥に隠れているハートの願いに気づいてあげてください。あなたがご自分のエゴの思いの奥にあるハートの思いを見つける際の参考にしていただけるような体験談を私のウェブサイトhttp://shanthi.jpに掲載していますので、よかったら参考にしてみてください。

また、それ以外には、

・感情をつくり出す考えや信念に気づいて変化させる
・蓄積している感情に気づいて感じ切り、解放する
・現在感じている感情の奥にある、本当の感情に気づく
・ハートを感じてハートに従い、ただ待つ

といった方法があります。

こういったことをすることにより、エゴの感情と上手に向き合って、エゴの感情をハートの願いを実現するために、役立てていくことができるようになるので、感情に翻弄されてしまい、ハートの思いが分からなくなってしまったり、ハートの思いに従えなくなってしまった時には、この方法を思い出し、取り組んでみてください。

紙面の都合上、ここでこの方法のすべてを詳しくご説明することはできないのですが、私のウェブサイト http://shanthi.jp の「Power of the Heart ― 現実は脳ではなくハートでつくる」のページの中の「感情と向き合い対処する」のコーナーに掲載していますので、こちらもお読みいただき、ご活用いただければと思います。

専門家の助けを借りることが必要な場合

最後にひとつ注意事項をお伝えして感情についてのお話を終えたいと思います。

ハートの声に耳を傾け、ハートに従って生きていくことや、ハートの力を育んでいくことで、私たちのものの見方が変わり、考えが変わり、私たちが体験する感情も現実もいい方向に変わっていきますし、エゴの思いにも向き合って、自分自身でエゴの考えや感情に向き合って、自分自身を変えていくということもできますが、時として専門家の助けを得ることが必要なこともあります。

特に発達障害の傾向がある方や、パーソナリティ障害やうつや双極性障害や依存症などの精神的な問題を抱えている方などは、ご自分の状態やご自分の抱えている問題を正しく認識したり、自分自身の感情や考えをうまく扱うことができないということも多いため、専門家の方の助けを借りるということが、自分自身を知り、自分自身の感情や考えと上手におつき合いしていくために役に立つことも多くあります。

ハートの力を育てていくことは、そういった問題を解決するために大いに役立ちますが、もしエクササイズをしっかりと長期間実践しても、なかなか変化が起こらないという場合や、エクササイズを実践すること自体が難しいという場合は、ご自分でそのような問題を抱えているという自覚や実感がなくても、専門家の方の助けを借りることを考えてみていただきたいと思います。

もちろん、そういう場合もハートの力を育むトレーニングは続けてくださいね。

ハートのコールとインスピレーションを受け取るために役立つこと

ハートのコールとインスピレーションを受け取るために役立つことは色々とありますが、ここでいくつかご紹介したいと思いますので、ぜひ実践してハートの思いを受け取るために役立ててください。

――自然や宇宙を感じる時間を持ち、ハートと感情とマインドを調和させる

自然の中に身を置いてリラックスして自然を感じ、あなたが本来あるべきようにあれるように、自分自身を大自然や宇宙にチューニングしましょう。自然の中で過ごすだけで活発に活動

している感情やマインドも鎮まり、身体も整ってきます。それによって感情やマインドがハートと調和して、ハートのパートナーとして最善の形でともに働いてくれるようになり、ハートのコールやインスピレーションが受け取りやすくなります。ぜひ定期的に自然の中で過ごすことを習慣にしてください。

エゴが持つものに気づいて手放し、ハートを開いて謙虚にハートの思いを受け取る

自分の内に沸き起こる思いに気づいて対処するようにはしていても、忙しい毎日を過ごすうちに、エゴの中にはまたあらたな「幻想・勘違い・思い込み・期待・予測・欲求」などが詰め込まれていることがよくあります。そうなると、オープンでニュートラルな姿勢で、謙虚にハートのコールとインスピレーションを受け取ることができなくなってしまうので、ぜひ定期的に時間をとって、エゴの「幻想・勘違い・思い込み・期待・予測・欲求」に気づいてそれを手放すということをしてみてください。

神さま、大自然、森羅万象、宇宙など大いなるものにお祈りする

お祈りというと、人によって様々なイメージをお持ちで、お祈りのしかたにも様々なものがありますが、何かの対象に向かって、「私が本当に求めているものを教えてください」「私に必要なことを教えてください」「私が気づくべきことを教えてください」というようにお祈りする時、私たちは自分自身のエゴの限界のある知性を使って考えたり、解決したりしようとは思っておらず、自分自身よりも大きな何か、自分自身の限界のある知性を超えた智恵を持つ何かに対してこころを開いているということは共通しています。

お祈りをすると、エゴの小さな知性を超えた、ハートの知性につながることができ、あなた自身のハートからのコールやインスピレーションを受け取りやすくなっていきますので、自分自身よりも大きな何か、自分自身の限界のある知性を超えた智恵を持つ何かにお祈りするということはとても効果的です。

あなたの「自分自身のハートの思いに気づきたい、ハートの願いを知りたい、ハートのコールとかインスピレーションを受け取りたい」という願いというのは、あなた自身にとっていいことであるのはもちろんのこと、自分以外のあらゆる存在にとってもいいことであるため、あ

なたがそれを求めてお祈りするとその願いは必ず実現します。

お祈りすることによって、私たちは自分自身よりも大きな何か、自分自身の限界のある知性を超えた智恵を持つ何かに対してこころを開くことになるので、その対象が何であっても構いませんし、お祈りの仕方もあなたがやりやすい方法で構いません。とはいえ、お祈りの習慣がない方はどのようにすればいいのか分からないということもあると思いますので、決まったやり方がないという方は次のようなやり方でお祈りをしていただくといいと思います。

あなたが信じている神さまなどの対象がいらっしゃる場合は、その神さまに向けて、また、特定の信じている対象がない場合は、大自然や森羅万象や宇宙などの自分自身の限界のある知性では計り知れない智恵を持つ、大いなるものに向けて、また、あなたのハートに向けて、どんなことでも構いませんので、今考えていることや、思っていることをすべてお話ししてみます。そうした後で、「私は本当に自分自身のハートの願い、思いを知りたいし、ハートのコールとインスピレーションを受け取りたいので、それを受け取れるようにしてください」とお祈りします。

お祈りによって、自分自身よりも大きな何か、自分自身の限界のある知性を超えた智恵を持つ何かに対してこころを開くことができ、ハートの知性につながってハートのコールやインスピレーションを受け取れるようになるので、ハートの思いを知りたいのに分からないという時にはお祈りをするということをしてみてください。

お祈りというものはとてもパワフルで、どんどん深めていくことができるものなので、もっとお伝えしたいことがあるのですが、また別の機会にお話しさせていただきたいと思います。

あなた自身の才能や、使命や、役割に気づいていますか？

ここで才能と使命と役割についてのお話をさせていただきたいと思います。自分自身の才能とか役割とか使命というものに、みなさんは気づいていらっしゃいますか？普段、そういうことを意識されたことはありますでしょうか？

自分自身の才能や使命や役割について明確に分かっているという方もいらっしゃれば、全く分からないという方もいらっしゃいます。また、何となくこういうものなのかなと感じている方もいらっしゃると思います。

自分自身の才能や使命や役割というものについては、そこに意識を向けると分かってくるという場合もありますが、そうでないこともあり、それをマインドで無理やり知ろうとすると、これが私の才能だとか使命だとか役割だと思い込んでしまい本来の自分自身の才能や使命や役割から遠ざかってしまうこともあります。

自分の使命が分からなくても問題ない

時々「自分の使命は何だろう?」と一生懸命考えて悩んでいらっしゃる方をお見かけするのですが、自分自身の使命が何かということが分かっていなくても、特に問題はありません。それはなぜかというとハートは、私たちの魂の目的を果たすために働いてくれるので、自分自身のハートのコールとインスピレーションに従って生きていくと、自分自身の才能を発揮して、自分にできる役割を果たし、使命というものが全うされて、私たちが本当にこの世界に来たときに持ってきた目的を果たすことができるからです。

逆に言えば、才能や使命や役割について分かっていないことは問題ないけれども、自分自身のハートのコールやインスピレーションをきちんと受け取って、そしてそれに従っていくということはとても重要であるということです。

ハートのコールやインスピレーションは私たちが本当に幸せになるための呼びかけであり、私たちが本当に求めている人生へと連れていってくれるものです。そこにはハートの思いや願いがあらわれているわけですが、そのハートの思いや願いというものがあなた自身の才能や役割や使命といったものに密接に結びついています。そしてそのハートの願いや思いに気づいて、それを実際の人生で実現したり体験したりしようとしていく中で、自分自身の才能が磨かれていき、ハートのコールとインスピレーションに従って行動していくことで、どんどんあなた自身の才能や美しさを分かち合い、あなたの役割や使命というものに沿った生き方ができるようになっていきます。

自分を生きる「自分道」を極めることが人生の目的

才能を発揮して、役割や使命を全うしていくということはあなた自身がこの世界に生まれてきた目的を果たしていくということです。あなたがこの世界に生まれてきている目的というのは、あなたにしか生きられない人生を生きるためです。「自分自身を生きる」ということを極める、つまり「自分道」とも言うべきものを極めるということがあなたがこの世界に生まれてきた目的です。

ですからこういったものでなくてはならない、このようなすごいことをしなければならない。ああいうすごい人にならなくてはならないというようなことではなく、ただひたすらあなた自身のハートから沸き起こってくる思いに気づいて、それに従っていくということが大切です。

自分の才能や役割や使命に気づくために大切なこと

自分自身の才能や役割や使命というものを見つけたり、それに気づいたりする上で役に立つのが、「自分自身が愛すること、好きなこと、心ひかれること、得意なこと、苦もなくできてしまうこと、人から喜ばれていること、なぜかいつもその役回りがまわってくること」というようなことに意識を向けてみることです。

あなたの才能や役割や使命が、あなたの人生に全くあらわれていないということはあり得ないことなので、このようなことに意識を向けてみると、あなたの才能や役割や使命が分かってきます。

また、自分自身の才能や役割や使命に気づこうとする時、とても大切になってくるのが、「あこがれ、喜び、ときめき、心躍る感覚、わくわくする感覚、静かな喜び、力強さ、安堵感」などの感覚です。

この感覚については、ハートからの「そっちでOK」サインについてのお話の中で詳しく書かせていただいていますが、何かをしたり何かについて考えている時にこのような感覚が湧いてくるようであれば、その「何か」が才能や役割や使命に関わっており、その「何か」をすることによって、自分自身の才能や役割や使命というものに気づいたり、よりそれが明確になってきたり、才能が開花してきたりするので、このような感覚を感じた時はぜひそれをやってみてください。

使命を果たすというのは
何か大きなことをするということではない

よく使命を果たすというと、大きなことを成し遂げたり、素晴らしいことをするというような印象をお持ちで、自分もそういうことをしたいと思われている方もいらっしゃいます。そういった場合、ハートが「大きなことを成し遂げたい」とか「素晴らしいことをしたい」と感じているのであれば問題ないのですが、エゴがそう感じているのなら、それはあなたの本当の喜びや幸福感にも、あなたが本当に求めている人生にもつながらないため、注意する必要があります。

もしエゴが「大きなことを成し遂げたい」とか「素晴らしいことをしたい」という思いに

従って進んでいこうとすると、エゴが「これはすごいこと」「これは素晴らしいこと」「これはすごくないこと」「これは大したことないこと」「これは取るに足らないこと」などと言うようにフォルダ分けをしてしまって、ハートが大切だと感じていることを何でもないことのように扱ってしまうということもあります。

けれども、あなたが小さなことだと思ってしまうようなことでも、あなた自身にとって大切なことですし、それをやったり、他の人や世界と分かち合ったりすることで他の人も喜びを感じられるようなことであれば、他の人や世界にとっても大切なことです。それが私たちのエゴが考える「大きなこと」や「素晴らしいこと」でなかったとしても、そんなことは問題ではありません。

そもそも使命を果たすということは、何か大きなことをするということではなく、あなたがするべきこと、あなたにしかできないこと、あなたが愛すること、そういったことをすることで、あなたにしか生きられない人生を精一杯生きるということです。

あなたのハートの中から湧き出てくる思いを、これは大したことないなどと思ったり、これは無理だと決めつけたりせずに、ただただその思いに気づいて、その思いを大切にして行動していくということがとても大切です。

才能を目覚めさせるために大切なこと

また、自分自身の才能を目覚めさせるということは、世の中から認められるようなすごい人になるということではありません。本当の自分自身であるということと、その自分自身がなり得る最高の自分になるということです。

例えば何かのスポーツやアートをやっている方が、あの人はすごいけど、自分はあそこまでは才能がないからダメだというような言い方をすることがあります。実際に何事もうまくできる人とそうでない人がいるので、ただ才能やそれを発揮している様をそのように表現すること自体は問題ないのですが、もしあなたのハートがそれをやりたいと思っているのに、自分は才能がないからという理由で上達しようとすることをあきらめるとか、チャレンジをしないということであれば、あなたはあなた自身のハートに従っていないわけですから、あなたが自分自身の可能性を拡げ、喜びに満ちた人生をおくるという上では大問題です。

その才能を開花させるべく追求するかどうか、どう向き合うべきかはハートに聞く

あなたが何をやって何をやらないかということや、あなたがやることに意味があるのかどうかということは、マインドを使って人や何かと比べて決めるようなことではなく、あなたのハートの思いによって決めることです。

何かの型にはまらない

あなたが本当にしたいことを、あなたにしかできないやり方で、最善のかたちで表現していくということが才能を発揮するということです。才能を磨きたい、才能を発揮したいと思うあまりに、こうでなくてはいけない、こうならなくてはいけないというように、何かの型にはまってしまうことのないようにしてください。本当の自分らしくないことをしたり、自分らしくない在り方を目指してしまうと、本当のあなた自身のよさがなくなってしまうことにもなります。ハートに従って、ハートがやりたいと思うことを、ハートがやりたいやり方でやるということを、大切にしてください。

ただし、またここで人と比較して、「自分がやっていることなんて、他の人もやっていることで、自分にしかできないことでもないから、独自性がないしやっても意味がない」というようなエゴの声に耳を貸すようなことのないようにしてくださいね。

ハートに従って始めたことが違った方向に行ってしまうことも

ハートのコールやインスピレーションに従うというところでもお話しさせていただきましたが、自分の好きなことをしたり、才能を伸ばしたりするという時に、最初の一歩目は、ハートに従って、「これをやりたいからやろう」「ここにいってこれをやろう」などと考えて何かを始めるわけですが、歩みを二歩目三歩目と進めていこうとした時に「あの人はこのようにやっているからこのようにしなければいけないんじゃないか」とか、「あの人と比べると、自分のこんな活動やこんな作品は大したことないんじゃないか」「もっと違うやり方で、このようにした方がいいんじゃないか」「このくらいでいいか」というような思いが生まれてくることがあります。

それがハートの思いであればいいのですが、エゴの思いの場合、それに従ってしまうと、自分らしくないやり方をしたり、しなくてもいいことをしてしまったり、するべきことをしなかったりと、ハートが行きたい方向とは全然違った方向に進んでいってしまうことがあります。

そうなると、本当は一番いい形で花開いたかもしれない才能が、開花しなくなってしまったり、技術や能力だけは伸びてもこころからの喜びを感じられなくなってしまったりというようなことが起こります。ただ、そのようなことが起こったことで、苦しい思いをして何かが違うと感じることができれば、そこでまた気づきを得ることができて、それはそれで学びの糧にもなり、より人生に深みが増すということにもなりますが、あまりにそればかりを長くやってしまうと、時間ももったいないですし、**本当の自分自身でいられない時というのは、自己評価も幸福感も下がっていってしまう**のです。

そうすると、だんだん**本当は自分が持っているはずの才能を素晴らしいものだと感じられなくなったり、自分がやりたいと思っていることや、自分のハートから湧き出てくる思い自体を取るに足らないことで大切ではないものとして、考えたり、扱ったりしてしまうようになっていってしまいます。**

たとえ「楽しい」「この才能を伸ばしたい」「役割や使命を果たしたい」というようなハートの思いに従って始めたことだとしても、何かちょっと違うな、ずれてきてしまっているな、と感じた時には、立ち止まって、自分自身のハートの思いを感じて、確認するということをやっていただきたいと思います。

隠れている才能と磨かれていない才能

また、以前はやっていたけれどもやめてしまったことや、まだやったことがないことの中にも、たくさんの才能が隠れています。その中には本当はあなたも才能があることが分かっているのに、放置してしまっているというものが含まれている可能性があります。今一度、自分自身が本当に好きなこと、今やっていること、もしくはやめてしまったことの中に、もっと伸ばせる才能がないか、その才能を伸ばすことで、自分も喜びを感じられ、自分以外の存在の幸せにもつながるような才能はないか、そこに使命や役割が隠れているようなものがないかということを見直してみてください。

もしこれをやってみたいという場合は、私のウェブサイト http://shanthi.jp にあるワークシートを使って、静かな時間にご自身と向き合いながらやってみていただけたらと思います。

好きなことを「エゴ」に任せてやっているだけでは才能は開花しない

自分自身の才能や役割や使命というものを見つけたり、それに気づいたりする上で、「自分自身が愛すること、好きなこと、心惹かれること、得意なこと、苦もなくできてしまうこと、人から喜ばれていることが大切だということ」や、「あこがれ、喜び、ときめき、心躍る感覚、わくわくする感覚、静かな喜び、力強さ、安堵感」といったような感覚を感じられることをやってみることで才能が開花することもあるというお話をさせていただきました。「好き」とか「心惹かれる」というようなハートのコールやインスピレーションに従って、好きなことや心惹かれることを自然にやっているという方も多いと思いますが、ただ自然にやっているというだけでは、なかなか才能が花開いてこないという場合もあります。

それがどのようなことなのかを理解していただきやすいよう、そのような例をひとつ挙げてみたいと思います。

「お花がとても好きで、お花の研究をする人になりたいという思いを持っていたDさん。小さな頃からお花が大好きで、道端のお花を摘んできて飾ったり、学校の課題のお花の観察研究に熱心に取り組んだり、お花を育ててみたり、お花をアレンジしてお友達にプレゼントしてみたりというようなことをして、お花と関わることを楽しんでいて、将来お花の研究をするということを夢見ながら学校に通っていた。

ところが、勉強が苦手で、成績があまりよくなかったため、自分はお花が好きだけど、研究者になるほどの才能はないから、身近なところでお花を楽しむことがいいのかもしれないと考えて、研究の道に進むのをあきらめて、日々の生活でお花を楽しんだり、お花に触れられる仕事につくかしよう、と決めお花屋さんに就職することを決めた」

このような場合、もちろんこの選択をハートが求めているのであれば問題はないのですが、ハートが本当はもっとお花のことを知りたい。もっと勉強して、お花の研究に関わることをしたいという思いを持っていたら大問題です。

例えばお花に触れられるお仕事に就いたとすると、お花に関わっているという意味では楽しめますし、場合によってはそれでかなりの成功をおさめ、充実した日々を過ごせるかもしれません。また、そのように仕事にはしないまでも、きれいなガーデンをつくって近所の人や友人達に喜ばれ、それはそれですごく楽しく人生を送れるかもしれません。

ただ、ハートがお花の研究に関わることがしたいという思いを持っていると、その思いに従えないことで、こころの片隅にいつもその思いがあって気になってしまい、そのことに思いのエネルギーが注がれてしまって、他のことに全力で取り組めなくなってしまうというようなことが起こったり、本当は感じられるはずだった幸福感を感じる機会を失ったままになってしまうということが起こったりします。

何としても、自分のハートが求めていることをする必要がある

私たちが本当の喜びや幸福感や満足感を感じられる人生を生きたいと思うなら、たとえ回り道をして遅くなったとしても、なかなか才能が開花しなくても、理解されなくても、嫌われても、評価されなくても、非常識に思えたとしても、お金がなくても、成功する保証がなくても……何としても、自分のハートが求めていることをする必要があります。

ハートが求めていることをする中で、ハートの思いに従って才能を磨き、才能を開花させ、自分自身を表現して分かち合うことで、自分以外のあらゆる存在にとっての喜びとなったり、自分以外のあらゆる存在の幸せに貢献することができ、それによって私たちは本当の喜びや幸福感や満足感を感じることができます。

自分の才能を開花させようとする時には、自分自身が愛すること、好きなこと、心惹かれることをするというのが基本ではあるのですが、それに加えて、ハートの願いを実現するために、エゴの声に惑わされず、自分があまり好きではないことや苦手なことにも向き合ったり、一生懸命取り組んだりしていくと、才能が開花することもあります。

自分のハートが本当に嫌だと感じることはやるべきではありませんが、**エゴが嫌だと感じて**

いたり、拒否していたりするものについては、それを避けることによって本当はできるはずだったことができなくなってしまうということが多々あります。ハートの思いに気づけないことや、それに従えないということももちろん大きな問題ではありますが、ハートから湧き出てくるもの、ハートが求めているもの、ハートが行きたいと言っている方に一応は進みはじめたものの、**エゴが避けたいと言っていることを避けてしまうということも同じく大きな問題です。**

何かを避けることにより、ハートの思いに従って行動しようとしても、その行動の幅や可能性をせばめてしまい、ハートの願いを実現することを妨げてしまっているということにならないよう、好きではないことや苦手なことなど、自分自身が嫌がって避けたいと感じていることにも目を向けて向き合って、その過程の中で、自分自身の能力を磨いたり、自分自身の知識を増やしたり、エゴマインドの中の考えや信念を変えたり、エゴの感情に気づいてそれをクリアにしたりということをしていくと、ますます自分自身が本当にやりたいことや、自分の才能や役割が明確になってきて、自分自身の素晴らしさを自分以外の人々やこの世界とほかの人と分かち合うことができるようになっていきます。**あなたのハートに従って、好きではないことや苦手なことなど、避けがちなことや嫌だと思っていることにも向き合ってみてください。**

「わくわく」することや「好きなこと」と才能・使命・役割

ハートからわくわくする気持ちや、好きという思いが湧いてくる時には、それがあなたの才能や、使命や役割に関わっていることも多いのですが、今までにもお伝えしてきたように、「わくわく」や「好きなこと」の出どころがエゴであった場合はそれが私たちの幸せにつながるわけではないため、その「わくわく」という感覚の出どころを見極める必要があります。「わくわく」という感覚がハートから生まれているものであれば、そのわくわくした感覚に従って進んでいけば、本当の喜びや幸福感を感じられる人生を生きることになりますが、それがハートから分離した「エゴ」から生み出されているものであれば、それに従って進んだ場合、一時的に自分にとって喜ばしい現実が目の前に現れて、いい気分になれるものの、本当の喜びや幸福感を感じられる人生を生きることができなくなってしまいます。

また、ハートから生まれる「わくわく」や「好き」という思いに従って進んでいったとしても、場合によってはハートの願いが実現して、いわゆる「うまくいっている」というような状態になるまで長い時間がかかってしまうものもあります。

特に才能を磨いていくということや、自分自身の役割に気づいてそれを全うし、使命を果たしていくという点においては、ただただ自分自身の好きなことを、その時やりたいようにやっているというだけではなく、長期的に取り組んで、その学びや訓練を重ねる中でできるようになってくるものもたくさん含まれています。

例えば植物学者になりたいからこの大学に入りたいという思いがあるのに、今お花に触れていたいからといって、ずっとお花のリースをつくるということだけをしていたとしたら、その大学の入試に合格するということができなくなってしまうため、「お花に触れたい」という思いがハートから出てくるものであっても、「今」「その時」にそれをやりたいというのはハートからの思いなのかということを吟味する必要もあります。

お花や植物に関することをしているという意味では、ハートが求めていることをしているわけですが、勉強は置いておいて「今」楽しみたいという思いはエゴの思いである可能性があるため、それを確認していくことがハートの願いを実現するためにはとても大切なことです。

人に喜ばれて喜んでいるのはハート？それともエゴ？

また、**人に喜ばれたり、評価されたりすると、誰でも喜びを感じますが、それは人だけが感じるものではなく、あらゆる命がそのような喜びを感じます。それは、あらゆる存在のハート**

が他の生きものや、自分以外の存在の喜びになりたいという思いや、つながりたいという思いを持っているからです。

ただし、エゴもまた別の理由で人に喜ばれたり評価されたりすると喜びを感じるので、例えば何かをして人からほめられ、喜ばれたとしても、それが、本当にハートが喜びを感じているのか、それともエゴの中に、人から認められたい、人の上に立ちたいというような満たされない思いがあって、何かが評価されたり、喜ばれたりしたことで優越感を感じられたことで喜びを感じていたりということなのかを見極めることが大切です。

外の世界や人からの反応によって感じる喜びというのは、ハートの願いが叶ったことで感じられる喜びではなく、エゴの欲求が満たされたことで感じている喜びというものもあるため、エゴの欲求を満たすということが癖になってしまうと、ハートが求めていることをしたり、人と分かち合えるような資質や才能を育てていって人と分かち合うということよりも、今、この瞬間にいい気分になることを選んでしまう可能性があるため注意する必要があります。あなたの喜びの源がどこにあるのかチェックする習慣をつけてくださいね。

特定のことをすることが、使命や役割を果たしたり、才能を生かすことではない

あと、よく誤解されがちなのですが、才能を発揮したり、役割や使命を果たすというのは、何か特定のことをすることだと考えている方がいらっしゃいます。

例えばアーティストの方が絵を描いて、それを発表したり、誰かにプレゼントしてあげるというように、何かの技術を使ったり、得意なことを通して、何かを人と分かち合うというような、何か特定のことや、具体的なことをするということが才能を発揮することだと考えていらっしゃったりします。

何をするかということよりも、自分自身の「在り方」や「性質」という才能を活かすことがハートの願いである場合も

ただ人によってはそのような特定のことや具体的なことというものよりも、「ただこういうふうにありたい」という在り方をすることのほうが重要な方というのもいらっしゃいます。例えば、「人に喜んでもらいたい」「人の笑顔を見たい」「誰かの手助けをしたい」というような

思いがあって、そういったことができれば、その内容はどんなものでもいいという方もいらっしゃいます。

「どのようなことをするか」という具体的な内容と、「どのような在り方をするか」という在り方の、どちらも大事という方もいらっしゃれば、どちらかというと片方に比重が置かれているという方もいらっしゃり、それはその方それぞれです。才能を発揮したり、使命や役割を果たすためには何か特定のことをしなければいけないというわけではないので、そこを勘違いしないようにしてくださいね。

よく、私は主婦で趣味がこのぐらいしかないのですが、「私にも使命や役割というものがあるのでしょうか」とか、「自分に何か才能なんてあるんでしょうか」というようなご質問をいただくことがありますが、その方がもしその主婦としての生活の中で一生懸命お子さんを育てたり、お子さんが巣立ったあとに、趣味を楽しみながらご主人といい時間を過ごしたりということが、ハートの願いであり、ハートからの喜びになっている場合はそれで十分で、そういった中でその方の使命も全うされ、役割も全うされ、その方の才能がそこで発揮されているはずです。

もちろんそれ以外にハートが伸ばしたいと思っている才能があるのに、やっていないという方であれば、それに向き合って才能を磨いていく必要がありますが、そうでないのであれば、形にこだわらず、自分はもしかしたらこういう在り方をすることが好きで、それができていればいいのかもしれない。実際はどうなんだろう?とハートに問いかけてみていただきたいと思います。

自分自身も喜びを感じながら、自分自身がこの世界の喜びになっていく

私たち**一人一人はみんな違った性質を持っており、ハートから生まれてくる願いというものもみな違います**。

私たち一人一人が自分自身のハートから出てくる思いや願いを形にして、表現していこうとすれば、自分自身にしかない性質や感性というものを通して自分を表現し、その表現する方法を磨いていくということによって才能を磨き、その才能を活かしていくことができるようになります。その結果、**たくさんの方々と自分自身を分かち合い、自分自身も喜びを感じながら、自分自身がこの世界の喜びとなっていく**ということができるようになっていきます。

本来すべての存在がそうあるようにできており、それが自然な姿です。ただただ自分自身というものを生きる。ただただハートのコールとインスピレーションを受け取ってちゃんとそれ

に従っていく、ということをするだけで、自然に自分の才能に気づきその才能は磨かれていき、その使命や役割は全うされていきます。

あなたが**自分自身の中には素晴らしい宝物があるのだということを自覚して、**ただただ**あなたの中から湧き出てくるものに従って生きていただきたいと思います。**

それでは、あなたの才能や使命や役割に気づくというエクササイズをご紹介したいと思います。

あなたの才能や使命や役割に気づく

エクササイズ8

あなたの才能や使命や役割に気づく

コール&インスピレーションノートとペンを用意して、静かに座ります。
メディテーションを行い、感情とマインドを鎮めます。
こころが鎮まったなと思ったら、深い呼吸を3回繰り返します。
深呼吸をしたら、楽な呼吸に戻してください。

そして、あなたが「私」という感覚（ハート）を感じるところに、手を当ててください。

手を当てたまま、「私」という感覚（ハート）を感じてみましょう。

あなたのコール＆インスピレーションノートをパラパラと眺めます。

そして静かに自分自身に問いかけます。

私にはどんな才能があるのだろう？

私の役割というのはどのようなものだろう？

私の使命とは何だろう？

そのように問いかけたら、あなたの思い（感情や思考）に意識を向けます。

あなたの感じていることにも意識を向けましょう。

今あなたはどんなことを感じているでしょうか？

今あなたの頭にはどんな考えが浮かんでいますか？

今あなたの内にどんなことが起こっていますか？

しばらくの間それを感じ、観察してみてください。
※もし、手を当てることができない状況であれば、手を当てなくても大丈夫です。
※問いかけの言葉は、一度に全部ではなく、1つか2つずつ選んで問いかけた方がやりやすいという方もいらっしゃるので、お好きなやり方で実践してみてください。

エクササイズは以上です。

このエクササイズをして受け取ったことや、気づいたことを、ハートのコールとインスピレーションの下の5㎝くらい空けておいた部分に書き込んでいきます。どんなことでもいいのでどんどん書き込んでいきましょう。

そしてまた、このエクササイズをする時だけではなく、いつでも気が向いたら、

私にはどんな才能があるのだろう？

私の役割というのはどのようなものだろう？
私の使命とは何だろう？

この3つの問いかけをあなた自身にして、気づいたことをノートに書き記していってください。

このノートを後から見直すと本当にたくさんのことに気づくことができるので、数時間後、翌日、数週間後、数か月後、数年後などあなたが見返してみたいと思う時に見返してみてくださいね。見返してみた時にまた何かあらたな気づきがあったら、その気づきもノートに書き記しておきましょう。

このエクササイズを繰り返しやっていくと、色々な気づきが得られ、自分自身の才能や役割や使命というものに意識が向き、よりそれが明確になっていきます。またその気づきをもとに、ハートのコールやインスピレーションに従って生きていくことであなたの才能が磨かれて、あなたの役割や使命が果たされていきますので、どうぞ楽しみながらこのエクササイズを実践してみてくださいね。

また、このエクササイズをする際に、本書の「魂の目的とテーマ」の部分も読み返していただくと、よりあなたの人生についての理解が深まりますので、ぜひ読み返していただければと思います。

そして、前にお伝えしたように、あなたの使命というものが分からなかったとしても、問題はないので、このエクサイズで使命を知らなければなどと思わないようにしてください。ただ、使命に気づいていなくてもいいのですが、自分の使命は何なのかということに意識を向けて日々を過ごしたり、才能や役割というものにある程度気づいていた方が、より才能を磨いたり役割を果たすために必要なことを知ることができます。

あなたはあなたが想像している以上に素晴らしい存在

あなたは過去のあなた自身をもとにした、あなた自身に対するイメージに従って、「自分自身はこんな人だろう」という印象を持っていて、その通りに考え、行動しています。また、それに加えて、あなたが自分以外の人に「こういう人だと思ってもらいたい」と願うイメージ通りの人だと思われるように、考え、行動しています。

あなたが自分自身のことを「こんな人だろう」と思っているイメージは一部真実ですが、本当でない部分もたくさんあります。そのイメージはハートではなくエゴが持っているイメージです。そして、あなたが「こういう人だと思ってもらいたい」と願っているイメージも、一部はあなたのハートが願っているものですが、エゴが願っている部分もたくさんあります。

あなたのエゴは、ハートに従って行動し、可能性を開花させた本当のあなたというものがどんな存在なのかの想像がつかないので、エゴが想像できる範囲の「すごい自分、素敵な自分」になろうとして、あなたの持つエネルギーのほとんどをそのために注ぎ込もうとするわけです。

けれども、ハートの思いに従って、可能性を開花させ、あなた自身の素晴らしさを発揮しているあなたというのは、あなたが想像している以上に素晴らしい存在です。

ハートに従って生きていくと、あなたはそんなあなたの想像を超えたあなたを体験することになります。

ハートの思いや願いに耳を傾け、それを実現するためにハートに従って行動することで、あなたの素晴らしさが磨かれて表に出てきますが、それをしなければただ才能はただそこにあって眠ったままで、あなた自身もその自分自身の可能性や素晴らしさに気づかないままになってしまいます。そして、多くの方が多かれ少なかれそのような状態にあります。もしあなたがすごい才能を持っているのに、それに気づこうともせず、それを育てようともしていなかったらどうでしょうか？それは自分自身にとってだけではなく、世界にとっても大きな損失になりますね。

あなたがあなたのハートの思いと願いに耳を傾けて、それを実現することで、この世界は本当に美しく素晴らしい場所になります。

自分自身がどんなに素晴らしいか、どんなに偉大な存在になり得るかに気づけば、私たちは100パーセント自分自身のハートの願いを実現するために生きていけるようになるのですが、多くの方がまだ自分自身の本当の素晴らしさや偉大さに気づくことはできていません。けれども私たちのハートはちゃんとそれを知っています。自分にできること、可能なこと、自分自身の素晴らしさに気づいたら、ほとんどの方は本当に驚かれると思いますが、ハートに従って生きていくことによって、だんだんそれに気がついていくことができます。

あなたのハートの思いや願いはあなた自身を幸せにし、この世界をもっともっとすばらしい場所にするものです。

私たちはみな同じものからできていて、あらゆるものとつながっているので、究極はあらゆるものすべてが同じことを求め、同じところを目指していますが、この宇宙から生まれたいのちのひとしずくとしてのあなたという存在は、この宇宙でたった一人のかけがえのない大切な存在です。そんな大切なあなたのハートの「あなた自身も他の人も幸せにして、この世界をより素晴らしい場所にする」という思いや願いをどうぞ大切にしてください。

誰しも、そしてあらゆる存在が大きな役割を持っている

私たち一人一人、そしてあらゆる存在がこの大きな宇宙や地球という場において役割を持っています。

ハートの思いと願いに気づいて、それを実現して体験していく過程でその役割に気づいたり、意識的には気づけなくても無意識にその役割を生きて全うできたり、それを感じたりすることができます。

日々、一瞬一瞬のハートの思いや願いを大切にして、あなたの役割を果たすことで本当の喜びと幸福感あふれる人生を生きていきましょう。

第4章

ハートの「創造力」で本当のあなたが望む未来を創造する

もし、私がハートから創造すれば、ほとんどすべてがうまくいきます。
頭から創造すれば、ほとんどうまくいきません。

マルク・シャガール

2つ目のハートの力
イメージやヴィジョンを生み出し、現実を創り出す創造力

ハートから流れ出すハートのフローとともにイメージやヴィジョンを生み出し、現実を創り出す創造力。

ハートの創造力で本当のあなたが本当に望む未来を創造する

それでは、これから2つ目のハートの力である、イメージやヴィジョンを生み出し、現実を創り出す創造力についてお話しさせていただきたいと思います。

この世界はハートのフローとヴィジョンから始まった

私たちのハートからは今この瞬間も大きなフローが生まれ、流れ出しています。そのフローはハートの願いや思いが生まれると同時に生み出され、同時にイメージやヴィジョンを生み出して現実を創造していきます。

このハートから流れ出るフローの一部は、心臓が発する電磁的フィールドなどにあらわれていますが、このフローを目で見たり何かで計測するということはできません。

そして、私たちの内から何らかの願いや思いが生まれてきている時や、私たちがそれについて考えている時にはハートのあたりに何らかの動きを感じています。

この動きはハートから湧き出て流れ出すエネルギーの動きで、ハートから湧き出て流れ出してくるような感じをともなっており、この流れをハートのフローと呼んでいます。

何かやりたいことや欲しいものについてのイメージが浮かんできたり、それについて考えたりしている時（ハートのコールやインスピレーションを受け取っている時ですね）に、ハートに意識を向けてみると、何かが湧き出しているような、何かが流れ出しているような感覚を感じられると思いますので、その感覚を感じてみてください。感じ方はその方によって違い、かすかにしか感じられないという方もいらっしゃいますし、流れではなくあたたかさや中から押される感じがするという方もいらっしゃいます。ただ、ハートのフローを感じられなかったとしても、問題はありませんので、気楽に試してみていただければと思います。

どんなものも創り出す大きな力

私たちがこの世界で目にしているものの多くは、誰かのハートから流れ出すフローとともに生まれたイメージやヴィジョンが形になったものです。そして、それ以外の「人ではないもの」のハートから流れ出すフローとともに生まれたイメージやヴィジョンが形になったものも私たちは目にしています。それはこの宇宙のハートから流れ出すフローとともに生まれたイメージやヴィジョンが形になったものです。

逆に言えば、ハートから流れ出すフローや、フローとともに生まれるイメージやヴィジョンなくしては、私たちは現実を創造することはできないのです。

あなたが本当に望んでいる現実や未来、他の誰かが望んでいる現実や未来、宇宙が創り出したいと思っているもの、この世界にあるものすべて、そして、まだ存在しないものすべて、ハートはどんなものも創り出す大きな力を持っています。

このハートの創造力を育て、使い方をマスターすれば、あなたはあなたが本当に望んでいる人生を創り出し、それを体験することができるのです。

ハートのイメージやヴィジョンがあなたが望んでいる未来を見せてくれる

私たちのハートに何らかの願いや思いが生まれると、ハートからエネルギーの流れであるフローが流れ出します。その流れ出すフローは、そのフローを生み出したハートの願いや思いについてのイメージやヴィジョンを生みだします。

そして生み出されたイメージやヴィジョンは私たちのマインドによって私たちが認識できる形に変換され、私たちはそれをイメージやヴィジョンとして見ることができます。ハートから湧き上がるイメージやヴィジョンがあなたが望んでいる未来を見せてくれるのです。

そして、そのイメージやヴィジョンを認識すると、私たちはハートの願いを現実の世界で実現し、体験できるよう、感情やマインドを働かせ、身体を使って様々な行動をしていきます。

ハートの思いと、感情と、マインドと、身体が調和して協力し合いそれがうまくいくと、ハートから生まれたイメージやヴィジョンが現実という形になるのです。

ハートのフローに従って、意識を向けるだけですべてが始まる

ハートのフローとともに生まれるイメージやヴィジョンを観て、そのイメージやヴィジョンの方向に意識を向けるだけで、私たちの現実を創り出す第一歩が始まり、私たちは望む未来を体験できる方向へと進み始めます。

なぜなら、私たちが意識を向けた瞬間に私たちの持つエネルギーが、私たちのハートが望む現実を創るために動き出し、私たちの感情やマインドや身体が、その現実を創り出すために、ともに働き始めるからです。実際、私たちがより強くイメージしたものの方が「実現しやすくなる」ことや、「行動に移す確率が高くなる」ということや、「実現の可能性が高まる」ということも分かってきています。また、けがをした時のように、ギプスで腕を固定したまま数日過ごし、その間腕を動かすイメージをすると、実際に腕を動かしていないにもかかわらず、腕の筋肉の減少が抑えられたという研究もあり、イメージは私たちの身体にも大きな影響を与えるということも分かっています。もちろん、エゴから生まれるイメージやビジョンもあり、ハー

トの願いを実現する邪魔してしまうこともあるわけですが、私たちがハートの願いを実現しようという思いを持って、エゴにも対処していけば、私たちのハートから生まれるイメージやヴィジョンは必ず現実の世界にあらわれてきます。

このように、私たちのハートから生まれるイメージやヴィジョンが、ハートが望む現実を創り出していくので、このイメージやヴィジョンを通して現実を創り出していく力を育んでいけば、あなたが望んでいる未来へと進んでいき、ハートが望んでいる人生を体験できるようになっていきます。

現実を創り出すステップ

現実が創り出されるまでのステップを整理してみましょう。

ハートの思いや願いが生まれる。
ハートのフローが生まれる。
ハートからイメージやヴィジョンが生まれる。

ハートのコールとインスピレーションを感じる。

この4つが同時に起こり、その後ハートの願いを現実の世界で実現し、体験できるよう、感情や、マインドや、身体を使って様々なことをしていくというステップを踏むことで現実が創り出されるということです。

この世界にあるすべてのもの、この宇宙にあるすべてのものというのは、その根底にある大きな場から生まれたフローと、フローとともに生まれたヴィジョンやイメージによって創り出されてきました。これについては古来、様々な精神的文化的伝統の中でも伝えられてきていますし、物理的な側面からもそのように説明できる部分があると思います。

ここまでのお話を理解できなくても全く問題はありませんが、ハートのフローとともに生まれてくるヴィジョンとイメージが私たちの世界や私たちの現実のすべてを創り出しているということを覚えておいてください。

イメージやヴィジョンを現実にする方法は
ハートが教えてくれる

イメージやビジョンが生まれてきたら、その後はどのように、感情やマインドを働かせて、身体を使って行動していけば、そのイメージやヴィジョンが現実になるのでしょうか？

まず一歩目は、そのイメージやヴィジョンを観て味わって体感し、ハートとともにさらにイメージやヴィジョンを描いたら、またそのイメージやヴィジョンを観て味わって体験するということです。その後のことは、あなたのハートが、コールやインスピレーションやハートの知性や直観力を通して教えてくれるので、それに従って進んでいけばいいだけです。

まずは、あなたのハートから流れ出すフローを感じながら、生まれてくるイメージやヴィジョンを味わって体感することからはじめましょう。

ハートから生まれるイメージやヴィジョンが多様性をもたらし世界をより美しくする

そして、私たちのハートから生まれてくるイメージやヴィジョンには私たち自身の本質や、性質や、魂の目的や、ハートの願いや思いが反映されているため、一人一人から全く違ったイメージやヴィジョンが生まれてきます。そしてその違いがこの世界に多様性を生み出し、この世界をより美しく素晴らしいものにしているのです。

私たちは自分の中から生まれてくるイメージやヴィジョンをそれほど重要なものとして扱っていませんが、あなたのハートから生まれてくるイメージやヴィジョンは、あなたという存在の本質や性質があらわれている、この世界にとって唯一無二のものであり、この世界にとっての素晴らしい宝物なのです。

ハートから生まれるイメージやヴィジョンは本来のあなたの素晴らしさや美しさを表している

日頃ぼんやりしている時などに、こんなことをこんなふうにやりたいというような思いとともに、ハートから様々なイメージやヴィジョンが浮かんできても、それほどそのイメージやヴィジョンを気に留めていないという方も多いと思います。

けれども、そのイメージやヴィジョンは、あなたの本当の姿や本来の性質や、あなたの才能や使命や役割などの、本来のあなたの素晴らしさや美しさや可能性が開花したところを表しているもので、私たち自身そのものと言ってもいいほど大切なものです。そして、そのイメージやヴィジョンはそれを大切にすることで、本来のあなたの素晴らしさや美しさや可能性を開花させることができる大きなパワーを持っています。あなたのハートから生まれるイメージやヴィジョンはそれだけパワフルでものすごく価値のあるものなのだということを知っていただきたいと思います。

日々の生活の中では、興味のあるものが色々とあり、何かを調べたり、読んだり、見たり、消費したり、どこかに行ったりと忙しく、なかなかハートから生まれてくるイメージや、ヴィジョンに意識を向ける時間がないと感じる方も多いと思います。

ただ、本当に少しの時間だけでもハートから流れ出るフローを感じたり、ハートから生まれるイメージとヴィジョンを体感して味わうという時間を取ることによって、そのイメージとヴィジョンには大きなエネルギーが注ぎ込まれ、よりハートが望んでいる未来に向かって進み、あなたのハートが望む現実を創り出していくことができるので、そういった時間をつくっていただきたいと思います。

イメージやヴィジョンを味わう時間が本当に求めている人生を創造する

どんな方も子どもの頃は、割とイメージやヴィジョンを楽しむということをしているのですが、大人になってくるとやらなければならないことが増えて忙しくなってしまうため、そういったことをしなくなってしまいます。ただ、個人セッションやセミナーを通じてお会いする、色々なことを成し遂げている方や、ハートが望んでいる人生を生きている方々のお話を伺っていると、やはり多くの方がそういう時間を持っていらっしゃいます。

自分の人生についてマインドを使って考える時間ももちろん大切ですが、ハートから流れ出すフローを感じたり、生まれてくるイメージやヴィジョンや、それとともに生まれてくる感覚に意識を向けて、そのイメージやヴィジョンや感覚に自分自身を浸らせて、それを体感して味わう時間をとることによって、よりそちらのほうに向かっていこうという思いや、それを経験できるという思いも強まってきますし、エゴマインドが生み出すイメージやヴィジョンよりも、もっとパワフルな、ハートから生まれるイメージやヴィジョンによって人生が創られていくようになり、人生がよりハートが求めているものに変わっていきます。

この宇宙の中で唯一無二の存在であるあなたのハートから生まれるイメージやヴィジョンを大切なものとして扱って、それを体感して味わって楽しむということを習慣のひとつにしていただきたいと思います。

また、ハートから生まれてくるイメージやヴィジョンを味わって楽しむということに慣れてきたら、ハートとともにイメージやヴィジョンを描いていくということもやってみましょう。ハートとマインドを一緒に使って、あなたが本当に望んでいること、欲しいもの、やりたいこと、行きたいところ、体験したいこと、望むライフスタイル、なりたい自分、生きたい人生など、描ける限りのイメージやヴィジョンを描いてそれを体感して味わって楽しみましょう。

最初のうちはあまりイメージやヴィジョンが浮かんでこなかったり、浮かんでくるものは味わえても、積極的にイメージやヴィジョンを描くことが難しかったりすることもあると思いますが、練習を重ねていくうちに、だんだんイメージやヴィジョンが浮かんできたり、自分自身でも描けるようになってくるので、子どもの頃色々なことをイメージして楽しんでいた時のように、気楽に楽しみながら練習を続けていってくださいね。

ハートとともにイメージやヴィジョンを描いて未来を創る

それでは、これからハートのフローとともに生まれるイメージやヴィジョンを味わったり、ハートとともにイメージやヴィジョンを描くというエクササイズをご紹介していきたいと思います。

エクササイズ9

ハートとともにイメージやヴィジョンを描き、描いたイメージやヴィジョンを観て味わって体感する

(1)ハートを感じて、あなたの夢や願いについて考えます。

(2)ハートの内から湧いてくる願いや思い（コールとインスピレーション）を感じます。

(3)その時にあなたのハートのフロー(ハートのあたりに感じられる動き)を感じます。

(4)再び、ハートのコールとインスピレーションを感じ、生まれてくるイメージやヴィジョンを観て、味わって、体感します。

※ここまでの手順に慣れてきたら、(4)に続いてハートとともにイメージやヴィジョンを描き、それを観て味わって体感するということをしていきます。

(5)ハートを感じて、(4)で見て味わって体感したイメージやヴィジョンを膨らませ、ハートとともにまたあらたなイメージやヴィジョンを描きます。

(6)その描いたイメージやヴィジョンを観て、味わって、体感します。

(7)ハートを感じて、あなたの夢や願いについて考え、コールやインスピレーションを感じたら、その夢や願いやコールやインスピレーションに関するイメージやヴィジョンを自由に描きます。

(8)その描いたイメージやヴィジョンを観て、味わって、体感します。

エクササイズはここまでです。

※ハートを感じ、自分自身が感じている感覚に意識を向けて、その夢や願いや、イ

メージやヴィジョンがハートから生まれているものかどうかを確認してください。もしそれが、エゴから生まれているものであれば、いったんエクサイズをやめて、またあらためてハートから生まれているものでエクササイズをしてください。

※(4)までをやっていただいても、(6)までをやっていただいても、(7)だけをやっていただいても構いません。その時あなたがやりたい順番でやっていただいて結構です。

エクササイズを行う中で、体験したことや、感じたことなどをノートに書き留めておくといいと思います。詳細は後ほどご説明させていただきます。

イメージやヴィジョンを観て味わって体感するエクササイズについて

私たちがハートのコールやインスピレーションを受け取って、こんなふうにしたいな、こんな未来になったらいいなというようなことを考えている時には、様々なイメージやヴィジョンが生まれてきます。ここではそれを観て、味わって、体感するということをしていきます。

このエクササイズはどこでやっていただいても構わないのですが、イメージやヴィジョンを観て味わって体感するということをするには、一人静かな場所でやっていただく方がやりやすいのではないかと思います。

ハートのフローに関しては、もし感じられないようであれば、無理に感じようとしなくても大丈夫です。

もちろん感じられる方はどんどん感じて、より感じられるように練習してみてください。より感じられるようになってくると、ハートの願いとともに生まれる流れがとても力強く心地よく感じられるようになってきますので、その心地よさを楽しんでください。

また、このエクササイズは観て味わって体感するということが大切なので、必ずしも書き留めるということをしていただく必要はないのですが、生まれてくるイメージやヴィジョンの詳細を書き留めて、時々読み返してみたり、またあらためてハートとともにそのイメージやヴィジョンを描いて、観て味わって体感したりすると、あなた自身が望む未来をより明確に意識でき、よりハートのコールやインスピレーションや直観を受け取りやすくなったり、どのような行動をしていけばいいのかが分かったりすることもあるので、あなたが書き留めておきたいと感じるイメージやヴィジョンはノートに書き留めておいていただくといいと思います。

気に入っているものがあれば何度も何度も繰り返してそのイメージやヴィジョンを描いて、観て味わって体感するということをしていただくといいと思います。

また、エクサイズをする中で感じたことや、湧き出てきた感情や考えや、体験したことなども一緒に書き留めておくと、後からそれを見た時に、ハートが本当に求めているものに気がついたり、新たなハートの思いに気づいたり、エゴの思いや傾向に気がついたり、ハートの願いだと思っていたものがエゴの願いだったことに気づいたりと、本当に様々なことに気づけるので、ぜひ感じたことや考えたこと、体験したことなども一緒に書き留めてみてください。

書き留めるためのノートは専用のものをつくってもいいですし、コール＆インスピレーションノートに書き留めていただいてもいいと思います。

あまりイメージやヴィジョンが生まれてこないという時や、もともとイメージやヴィジョンに意識を集中しづらいという方は、あなたの夢や願いや、受け取ったハートのコールやインスピレーションの内容について思いを巡らせると、それが呼び水となって、ふわーっとイメージとかヴィジョンがあふれ出てくることがありますので、待っているだけではなくて考えを巡らせるということを試してみてくださいね。

そして、イメージやヴィジョンを描いて、観て味わって体感する際は、ただ眺めるというのではなく、できる限り鮮明にあたかもその場にいるかのように、その場の状況や情景などを観て、心躍る感じやワクワクする感じ、高揚した気持ちや、静かな喜びなどその時感じている感情や身体の感覚や、温度や湿度や香りや明るさ、肌に当たる風や太陽の感触など、感じられる限りのものを感じて、そのすべてを味わって体感するということを心がけてください。

子どもの時に明日のイベントのことを思い浮かべて、あのお菓子を食べようとか、○○ちゃんと一緒に遊ぼうとか、○○をやってみようというようにわくわくしながら色々なイメージをしたように、純粋にただただそれを楽しむためだけにやってみていただければと思います。

そして、なかなかうまくいかないという場合でも、練習すれば必ずできるようになります。

また、同じことをしようとしても、実際はその方によって違った形になりますし、正しいやり方というものはないので、あなたのやりやすいやり方で、イメージやヴィジョンを観て味わって体感するということを楽しみながら練習していただけたらと思います。

エゴがつくり出すイメージやヴィジョン

エクササイズの注意事項でも少し触れましたが、イメージやヴィジョンにもハートから生まれるものと、エゴマインドがつくり出すものがあります。ハートとマインドがオフラインになってしまうとエゴマインドがイメージやヴィジョンをつくり出してしまいます。ハートのコールとインスピレーションについてのお話の中でもお伝えしたように、私たちはハートの願いではなく、エゴの欲求を満たすものを好ましく、喜ばしく感じてしまうこともあります。

エゴは、ハートと同じように、心躍る感じや、わくわくうきうきする感じ、高揚した気持ちや喜びなど、とても魅力的な感覚を伴うイメージやヴィジョンをつくり出すことができるので、注意してくださいね。

ハートのコールやインスピレーションと同じように、ハートを感じて、ハートのあたりに何らかの感覚やフローを感じられるかどうかを確認してみたり、それ以外の違いを感じてみたりして今自分のマインドはハートとオンライン状態にあるのかどうか、見分ける練習をしていただきたいと思います。

様々な領域やテーマについてのイメージやヴィジョンを描いてみる

ハートのコールやインスピレーションを受け取る時もそうなのですが、日常の私たちが関心を向けている対象が、特定の分野に関するものや、特定の種類のものなど、特定の領域やテーマに偏っていると、生まれてくるイメージやヴィジョンが、同じように偏ったものになることがあります。

例えば仕事にしか関心がない方は、仕事についてのイメージやヴィジョンは生まれてくるものの、それ以外のものが何も浮かんでこないとかといったような感じです。

もちろんハートが、今はそういった特定のものに意識を向けることを望んでいるという場合は問題ないのですが、本当はハートが別の領域にも意識を向けてほしいと望んでいる場合、そういった偏りのあるままにしておくと、部分的にはハートが求めている人生をおくれるけれども、全体としておくれないというようなことになってしまうため、注意していく必要があります。

もし浮かんでくるイメージやヴィジョンに偏りがあると感じたら、意識的にあなたの人生の中の様々な領域やテーマについて、ハートがどのような願いや思いを持っているのかを感じて、イメージやヴィジョンを描いてみてください。

この世界に存在するすべてのものについてのハートの願いや思いを感じてみる

また、私たちは広大な宇宙の中の、地球という星の上で、たくさんのいのちや、たくさんのものとともに、社会の一員として存在しています。イメージやヴィジョンを描く時、まずは自分自身を中心としたイメージやヴィジョンを描くと思いますが、慣れてきたらぜひ、私たちの住む地球や、私たちが属している社会や、暮らしている場所や、人を含めたあらゆるいのちや自然についてなど、この世界に存在するすべてのものについてのハートの願いや思いを感じて、イメージやヴィジョンを描いて、観て味わって体感するということもしてみてください。

これをすることによって、あなたのハートから、より多くのあらゆるいのちやあらゆるものの幸福につながる願いが生まれ、あなたはこの宇宙の中のあらゆる存在と調和して、あらゆる存在の幸せにつながるような生き方をするようになり、あらゆる存在からサポートされるようになって、あなたが想像もできなかったような、深い喜びや幸福感を感じる人生を生きることができるようになります。

一人でも多くの方が、あらゆる存在の幸せにつながるようなハートの思いや願いに気づき、あらゆる存在の幸せにつながるような生き方をするようになれば、この世界はより愛があふれる、美しい世界になり、私たちみんながより喜びと幸福感を感じられるようになりますね。

私たち一人一人がイメージやヴィジョンを通じて、望む現実を創り出す大きな力を持っています。その力をぜひ、あなた以外のすべての存在にとって素晴らしい現実を創り出すためにも使っていただけたらと思います。

ハートのフローとともにイメージやヴィジョンを描いていけばすべてが実現する

私たちのハートからは、いつでもハートのフローという大きなエネルギーが流れ出し、そのフローとともに、イメージやヴィジョンが湧き出ていて、そのフローとイメージとヴィジョンが、私たちが望む現実を創り出し、私たちが望んでいる未来へと運んでくれます。

ハートのフローとともにイメージやヴィジョンを描いて進んでいけば、あなたはあなたのハートが本当に望んでいるあなたになり、あなたのハートが望んでいる現実が目の前にあらわれてきます。あらゆる存在とともに、喜びと幸福感あふれる、豊かな世界を創り出すために、イメージとヴィジョンを使いこなす練習を続けていってください。

エピローグ

ハートで生きてこの世界を
より美しく豊かな喜び多き場所に

あなたがハートから生き、
より多くの人々がハートから生き始めると、
それは波及効果を生みます。
それはあなたがいるところから波紋となって広がり、
さらにあなたに戻ってきます。
そしてそれは広がっていき、ほかの人たちに影響を与えます。
あなたの意識の状態は、ほかの人に影響を与えずにはいません。
もしあなたがハートから生きていると、
それはあなたがほかの人の中に体験するものとなります。
あなたがほかの人との交流にもたらすものが、
あなたがほかの人から受け取るものになるということは、
ほとんど奇跡といってもいいでしょう。

エックハルト・トール

あなたが本当に幸せになるためのたったひとつの方法とは……

あなたが幸せになるためのたったひとつの方法とは、今までお伝えしてきた通り、あなたのハートの思いに従って生きること。そして、「あなたがなりたい自分になり、あなたが生きたい人生を生きること」＝「あなたがなり得る最高の自分になり、あなたが送りうる最高の人生をおくること」です。

そうすることで、あなたが本当に求めている、喜びと安らぎと豊かさと奇跡に満ちた、幸福感と満足感あふれる最高の人生をおくることができるようになります。

そのためには、「ハートの思いに気づき、ハートに従って行動することで、あなたの美しさや素晴らしさを磨いて表現していく」ということや、ハートの力を育んでいくことが大切だということはもうお分かりいただけたのではないかと思います。

ハートの力を育むということは、何かをシステマチックに学ぶということとは全く違うため、最初のうちはここに書かれている内容のひとつひとつがどうつながっているのか、何をどう進めていけばいいのか、ということが分かりにくいこともあるかもしれませんが、ハートの思いを大切にし、ハートに従って学びを進めているうちに、だんだんハートの力が目覚めてきて、より深い幸福感や満足感を感じられるようになり、バラバラに見えていたものがどのようにつながっているのかがハートで分かるようになってきます。最初は戸惑うこともあるかもしれませんが、あなたのハートの思いに耳を傾け、ハートに従って、学びを深めていってください。

ハートで生きてこの世界をより美しく豊かな喜び多き場所に

あなたはこの本を手にとってくださった時、どんな状況にありましたか？そして、どのような思いをお持ちでしたか？この本を読んでいる間に、何か変化はあったでしょうか？何か変化があったにせよ、特に変化がないにせよ、あなたのハートの旅はまだまだこれからで、これからどんどんあなたの人生に変化が起こってきます。

今もこれからも、あなたがどんな状況にいても、あなたがどんな状態であっても、ハートに従うことはできます。他の誰かのような、すごい人、愛にあふれた人、偉大な人、ちゃんとした人、成功した人、裕福な人、そんな人に今急になることはできないかもしれませんが、今この瞬間にハートに従うことはできます。そしてそれを積み重ねていけば人生は素晴らしいものになります。そもそも、他の誰かのようになろうとすることはハートに従ってあなたを生きるということではありません。

どんなに今までの自分や人生がダメだと感じていても、どんなに未来に希望が持てないような状況にあっても、今この瞬間は私たちのものです。今この瞬間、あなたのハートに従いましょう。ハートを感じて、ハートとともに未来を描いて行動に移しましょう。そうすれば、必ずあなたのハートが望む自分になれ、あなたのハートが望む人生をおくることができます。

ハートは、ハートの願いやハートから湧き出るイメージやヴィジョンについて「それはできないよ」「それは無理だよ」などと言うことはありません。「それが可能だよ」と言い、それを可能にする最善の方法と最善のタイミングを教えてくれるだけです。

色々なことを理由にして、ハートに従うのは難しいと言い訳さえしなければ、ハートは必ずあなたが本当に望んでいる未来へと導いてくれます。

ハートに従って行動する時に、選択できる行動には制限があるかもしれませんが、どんな国のどんな人にも、ハートに従う力とハートに従う自由があります。そして選択できる行動にどのような制限があったとしても、ハートは、ハートの願いを実現するために、あらゆるものにとっての最善の方法を見つけ、最善の形で、最善のタイミングでそれを実行することができるよう導く力を持っています。それは人生を変える力であり、世界を変える力であり、私たちが本来持っている大きな自由です。

過去は今この瞬間ほどの大きな力を持っていません。今この瞬間ハートに従うことで未来が変わります。感情とマインドと身体に協力してもらい、ハートの望む方向へ進んでいきましょう。

自分自身のハートの思いを大切にし、幸福感と満足感を感じている人は、自分以外の人やあらゆる存在が大切にされることを願うようになります。そしてハートに従って生きている人は、自分自身の素晴らしさをあらゆる存在と分かち合い、あらゆる存在にとっての喜びとなり、この世界をより喜びと愛にあふれた素晴らしい場所にしていくことができます。

そして、私たちみんながハートに従って生きるようになれば、私たち個人個人が喜びと幸福感を感じられるようになるだけでなく、すべてのいのちやあらゆるものが、喜びと幸福感を感じられる、豊かさあふれる美しい地球になります。なぜなら私たちのハートはあらゆるもののハートとつながっていて、生きとし生けるものとあらゆるものが、喜びと幸福感を感じ、豊かで美しくあることを望んでいるからです。

この世界にはまだまだたくさんの問題があふれています。それは、これまで私たちがハートからではなく、エゴから様々なものやシステムを創り出し、今なおそれをし続けている結果です。けれども、私たち一人一人がハートに従って、ハートの力を育んでいき、ハートから様々なものやシステムを創り出していけば、この世界はハートから創造されたもので満たされて、私たち自身と、あらゆるいのちと、あらゆるものが、喜びと幸福感で満たされる、豊かで美しい世界になっていきます。

エゴにとっては難しいと感じられたり、不可能だと感じられるようなことでも、ハートは私たちに「必ず実現できる」と言い、問題を解決するための最善の方法とタイミングを教えてくれています。もしそれが私たちにとって、大きなチャレンジとなるものであったとしても、エゴの欲求を満たし、エゴを安心させるために、ハートが伝えてきてくれることを無視することなく、勇気を持ってハートに従っていけば、この世界にあふれる問題は解決され、この世界が、喜びと幸福感あふれる、美しく豊かな世界に変わっていきます。

あなたのハートに従って、あなたのハートから湧き出るフローとともに未来を描いて行動し、あなたの想像を超えた素晴らしい未来を、そして、私たちの想像を超えた喜びと幸福感あふれる、美しく豊かな世界を創り出していきましょう。

まだまだお伝えしたいこともあったのですが、あなたのハートが本当に望む人生を生きるために大切なことはこの本でお伝えできたのではないかと思います。あなたの人生をより素晴らしいものにするために、あなたのハートが本当に望んでいる人生を生きるために、お役に立てていただければ嬉しいです。

今回お伝えできなかったハートの力についてもまたいつか別の機会にお伝えしたいと思います。

また、本文中でもお伝えしましたが、ここでお伝えしきれなかったことを私のウェブサイトhttp://shanthi.jp内の本書のコーナー「Power of the Heart ― 現実は脳ではなくハートでつくる」に掲載させていただいているので、ぜひ訪問していただきご活用いただければと思います。

厚い本となってしまいましたが、ここまで本書をお読みいただき、ハートの旅をご一緒していただきありがとうございました。この本はすべて読み通さなくても、あなたが気になったところからお読みいただき、気になったものから取り組んでいただいても構いません。これからも本書をあなたのハートの旅のお供としてご活用いただき、あなたが本当に生きたい人生を創り出していってください。**いつもハートとつながって「オンライン」状態でいることを忘れずに。**

あとがき

私がこの本のテーマである、自分自身の本質「ハート」というものを探求し始めてから、40年以上の歳月が流れ、この本についてのインスピレーションを受け取ってから、このような形となるまでには、気づけば20年以上の月日が経っていました。このような形であなたとご縁をいただき、ハートの智恵をあなたにお届けできたことを心から嬉しく思っています。

「ハートの力」というタイトルの本を書こうと決めた頃、「ハート」という言葉が受け入れられるだろうかという思いがあり、使うかどうかを迷っていたことがありました。ちょうどその頃、お世話になっている海外版権のエージェントの社長さんから、最新の本とＤＶＤのご案内をいただいたのですが、そのタイトルは何と、「The Power of the Heart」というものでした。ハートに関する様々なことが書かれている素敵な本で、この本の中の章ごとの扉にはその本から引用させていただいた言葉をたくさん使わせていただいているのですが、よりこの本を出版しようという思いが固まるきっかけとなった出来事でした。

この出来事に限らず、この本を書きたいと思ってから数年の間には、このようにこの本を書くことを助けてくれるたくさんの出来事がありました。

探求をはじめてから40年以上。先生方からこのような智恵を人にお伝えするよう言われてからは20年。本を書き始めてから10年。この本の企画が始まったのが5年前。忙しすぎたり、色々な出来事が起こったりと、様々な要因が重なってこんなに時間が経ってしまいましたが、私もここまで時間がかかってしまうとは思ってもみませんでした。

けれども、ハートの願いというのは必ず実現します。ハートが望んでいる通りの必要な準備を経て、ハートが望む最善のタイミングで、こうして、あなたにこの本をお届けすることができました。

あなたのハートには、あなたの美しさを表現して、この世界をより喜びに満ちた素晴らしい場所にするような「美しい願いの種」と、その種を芽吹かせ、花開かせるための力が宿っています。どうかこの本に書かれていることを活用して、その種を大切に育て、その花を花開かせるための力を育んで、あなたの内にある可能性と願いの種を開花させてください。

ハートの力は私たちの内にある、至高の力、究極の力です。
この宇宙や私たちの人生や現実を創造する根本的な力です。

ハートはあなたのハートの願いをすべて実現する力を持っています。

ハートの智恵に身を委ねて、ハートの力を育て、
ハートに従って、ハートと一緒に未来を描き、現実を創造しましょう。

そうすればハートは必ず、最も美しく、もっとも喜びあふれる、
最も素晴らしい場所に私たちを連れていってくれます。

私が長い間、あなたにお伝えしたいと願っていた、私の先生方から授かったハートの智恵と、40年の探求の中で得た洞察と気づきと、私の先生方と私のハートの思いがあなたのハートに届き、あなたの内にあるハートの思いと願いという種が芽を出し、大きな花を咲かせ、その花が、あなた自身の人生と、この世界にたくさんの喜びと美しさを生み出すことを、そしてあなたのハートの願いを実現する旅が、喜びと奇跡と愛に満ちた、豊かさあふれる素晴らしいものになることを、そして、私たち皆が、ハートから創造された素晴らしいものであふれる、豊かで美しい世界を体験できるよう、今この瞬間もこれからも、ハートからお祈りしています。

ハートからの愛と感謝をこめて

Shanthi

9月　Anant Chaturdashiの日に。

あらゆるものの内に輝き、偏在する、
無限の知性と愛と創造力に。
無限の愛と智恵そのものであり、常に導き続けてくださる先生方に。
私の内なる美しさを信じ、真実を探求することを
常にサポートしてくれた母由紀と父巌に。
無償の愛を注いで私の探求を見守ってくれた
祖父十三と祖母つや子、祖父髙雄と祖母ハツミに。
ハートと愛を探求する道をともに歩み、ハートの願いを実現することを
常にサポートしてくれるパートナーであるぽちこと丈弘に。
子どもの頃から探求の道をともに歩いてきた妹貴子に。
私の探求を支えてくれた友人たちに。
ハートの智恵を探求し、ハートで生きる旅を
ご一緒してくださったクライアントさんと生徒さんに。
そして、自分自身の人生とこの世界をより美しく、喜びあふれた
素晴らしいものにすることを願い、行動しているすべての方々に。
この本を謹んで捧げます。

ओ

लोकाः समस्तः सुकनिः भबन्तु

लोकाः समस्तः सुकनिः भबन्तु

लोकाः समस्तः सुकनिः भबन्तु

ओ शान्तीः शान्तीः शान्तीः

Om

Lokah Samastah Sukhino Bhavantu

Lokah Samastah Sukhino Bhavantu

Lokah Samastah Sukhino Bhavantu

Om Shanti Shanti Shanti

この世界

他のすべての世界の

あらゆるものが

平安で幸せでありますように

謝辞

何年もの長い間、この本が形になることを待ってくださり、たくさんの時間をご一緒させていただき、原稿の編集作業や様々な準備を夜遅くまでしてくださったフォレスト出版の杉浦彩乃さん。杉浦さんに出会っていなかったら、この本は形になっていなかったかもしれません。原稿が遅れ時間のない中で編集をしてくださり本当にありがとうございます。また、本書を出版してくださったフォレスト出版の太田宏社長、このようにハートの智恵を多くの方々と分かち合う機会をいただき、心より御礼申し上げます。そして、杉浦さんとのご縁をつないでくださった、元フォレスト出版の土屋さん、私を見つけてくださり、講座を通してハートの智恵を多くの方々と分かち合う機会をつくってくださった、フォレスト出版の鳥垣さん、公の活動を全くしていないのにもかかわらず、講座の開催を許可してくださったフォレスト出版の渕野さん、講座についての相談にのってくださったフォレスト出版の内藤さん、常に講座がスムーズに進むよう気を配りサポートしてくださった、ファーストペンギン社の吉村さん、鹿野小雪さん、フォレスト出版の須藤さん、いつも楽しく講座の撮影ができるようサポートしてくださった、東京クリエイティブワークスの清水さん、ハートの智恵を分かち合う場を何度もつくってくださったアンジェリの嶋みずえさん、様々な取材に同行させていただき、様々なご縁をつないでくださった吉岡敏朗監督、医学的な用語に関するアドバイスをくださった、呼吸器・内科医の渡部和近さんに心からの感謝を申し上げます。

そして、私の人生を通してずっと私を支えてくれ、多くの方に私がお伝えできることをお伝えするようにと励まし続けてくれた政治くん。長い間探求をともにし、たくさんの楽しい時間を一緒に過ごし、常に私をサポートし続けてくれている晶子さん。あらゆるいのちが幸せでいられる場所をというヴィジョンに向かってともに歩いてくれ、いつもサポートし続けてくれている純子さんと理香さん。いつも外国までつきそってくれ、あらゆる形でサポートし、お世話をしてくれるママのような東京映像制作の高橋尚吾さん。さまざまな活動に参加してくれ、いつもサポートしてくれる翔くん、どんな時も変わらぬ愛を注ぎ、この世界の美しさを一緒に楽しんでくれる綾さん。いつも助けてくれ、前向きに歩く姿を見せてくれる未来ちゃん。自分自身を知り、ハートで生きる旅を一緒に歩いてくれる仲間であり家族でもある、真子ちゃん、理恵さん、晴ちゃん、ちーちゃん、亜矢ちゃん、ゆうこりん、真弓さん、山本さん、森さん、碇石さん、ピポパ姉さんこと井上さん、笘居さん、安岡さん、あーちゃん、恭ちゃん、ピエールこと市川淳一さん、近さん、マッキー、阿部さん、友章くん、竹ちゃん、リーダーこと宮原さん、チャッピーことめぐみさん、忙しい中原稿を読んでくれたももちゃんこと長沼良和さんほか、たくさんの生徒さん。いつもパワフルで前向きなパワーをくれて安心させてくれる愛に溢れたジュリちゃん、家族のように色々なことを分かち合い、助けてくれて、信じられないほどおいしいお料理を提供してくださるインド料理店パワンナンハウスのKamalaさんとBipinさん。ハートの智恵を学び、ハートに従ってチャレンジする姿を見せてくれる大切な子どもたちであるPrashansaとPawan。みんなの存在は私にとっての神さまからのギフトです。たくさんの愛と友情とサポートを本当に本当にありがとう。

そして、いつも変わらぬ友情と愛を分かち合ってくれる岡田和樹さん、素晴らしい教師であり同志でもあるAKIRAさんといつもあたたかく迎えてくださる愛あふれるパートナーの睦美さん。いつも助けてくださり、色々なことを教えてくださる兄さん、そして、この本の企画の相談に乗ってくださり有益なアドバイスで励ましてくださった、尊敬する経営者であり著者でもある堀口龍介くんと、多くの女性をインスパイアし続けている美しい著者であり、様々なアドバイスをくださり楽しい時間をご一緒してくださる大野梨咲さん、出版ゼミでたくさんのアドバイスをしてくださった、サンマーク出版の綿谷さん、金子さん、元サンマーク出版のタカトモさんこと高橋朋宏さん、構成についての的確なアドバイスをくださった編集者の鹿野さん、株式会社KADOKAWAの副編集長伊藤さん、本書のもととなる企画にアドバイスをいただいた扶桑社のSPA編集長犬飼さん、私が公の場に出るきっかけをくださり、「The Power of the Heart」の書籍やDVDを日本に紹介してくださった、元アウルズエージェンシー下野誠一郎社長、公の場での活動のきっかけをつくってくださった、故船井幸雄先生、初めてのスクール開催の機会をつくってくださり、サポートしてくださった中村行則さん、私がこの仕事をするきっかけをつくってくれ、大変な時にはいつも助けてくれたナチュラルアートクリニック院長で麻酔科・救急医のみかりん、いつもパワフルでたくさんの元気をくれるすばらしい教育者のMieさん。大変な時期に寄り添いサポートしてくださった坂井さん、励ましの言葉と愛をくださった故ウェイン・ダイア一博士、多くの方に私を知っていただく機会をくださった故テディさんこと小泉義仁さん、私の最年長の親友であり、岐阜での活動をサポートしてくださる郡上市齋藤美術館の齋藤仁司さん、岐阜での拠点を探すのを手伝ってくださり、いつもあたたかく迎えてくれ、おいしいお料理と素敵な空間で幸せな時間を過ごさせてくださった郡上市糸カフェオーナーの上村彩果さん、岐阜での拠点探しを応援してくださり、あらゆるいのちへの愛あふれる美味しいヴィーガン料理で迎えてくださる郡上市オーガニックカフェ嘉利のマスター勝也さんと、パートナーのかな代さん、岐阜での拠点探しとやりたいことを実現するためのサポートをしてくださった、郡上市MADOKAの村井義孝さん、石徹白洋品店の平野さんご夫妻、デザインの相談にのっていただいた齋藤晃デザイン室の齋藤晃さん、初心者の私たちが自然とともに生きていく知恵を分かち合ってくださる自然農法の先生である三浦伸章先生、初めての土地で農園を始めるためのサポートをしてくださっている白川町移住交流サポートセンターの鈴木さん、長尾さん、むらざと農園の古田さん、澤本屋農園の藤井さん、いつも畑の作業のお手伝いをしてくれ、あらゆる面でサポートしてくださる伊藤一さん、いつもおいしいヴェジタリアン料理をつくってくださるときどき庵のママ土屋由美子さん、快く田んぼや畑を貸してくださった安江さん、築280年の古民家を前に困っていた私たちの相談にのってくださり、改修を引き受けてくださった、郡上市山石古民家工社の山下社長と好恵さん、ずっと行きたかったシベリアのタイガにお連れくださり、アナスタシアが伝える愛のメッセージを日本で分かち合い、多くの方が愛に目覚めるための活動をしてくださっているアナスタシアジャパンの岩砂晶子さんご夫妻とお母さまの直子さん、みなさまの愛とサポートに心からの感謝を申し上げます。

そして、たくさんの愛を注いでサポートし続けてくれた、家族、由美叔母さん、David叔父さん、鐵昭叔父さん、弥生叔母さん、林子叔母さん、いつも変わることのない友情と信頼でサポートし続けてくれる広美ちゃんとけんけん、この世界の真実を一緒に探求してきた妹貴ちゃん、いつもあたたかい笑顔を向けてくれる義妹光智子さん、たくさんの愛とサポートをありがとう。そして、私がこの世界を自由に探検し、探求したいことを探求することを応援してくれた髙雄おじいちゃん、ハツミおばあちゃん、十三じいちゃん、つや子ばあちゃん、そして、ママ由紀とパパ巌、お義母さん久子とお義父さん等、たくさんの時間を共有し、たくさんの愛を注いでくれたいとこの芳洋兄ちゃん、和洋兄ちゃん、愛ちゃん、人ちゃんこと人麿呂くん、KYOKO、KENJI、関市旧上之保村のすみ子おばさん、みちねえちゃん他友人達や近所の方々や親戚の方々、みなさんのおかげで私はたくさんの喜びをいただきながら生きることができて、ハートの夢を実現し続けることができています。たくさんの愛とサポートを本当にありがとう。そして、本当に常に私を信頼し、私のハートの願いの実現をいつもサポートしてくれ、あふれる愛を注いでくれるパートナーの丈弘ことぽち。ぽちの純粋さと無邪気さと愛にいつも助けられています。本当に本当にありがとう。

そして、いつも私を守り、癒し、愛とエネルギーを与えてくれる大自然と地球とあらゆるいのちとあらゆる存在に、そして、私の探求を励まし、深い智恵を惜しみなく分かち合い、指導してくださった恩師、ラーマクリシュナミッション日本支部・日本ヴェーダーンタ協会会長スワミ・

メダサーナンダジマハラジ、服部道雄先生、清水さんに心からの感謝を捧げます。

そして最後に、この本を書かせてくださった、無限の愛と智恵で私を常に守り導いてくださる愛と智恵そのものである先生方、パラマハンサヨガナンダ、シュリラマナマハリシ、アディシャンカラーチャリヤ、シュリラーマクリシュナパラマハンサ、ホーリーマザー、スワミヴィヴェーカーナンダ、メヴラーナジャラールッディーン・ルーミー、お釈迦様、シャーンティデーヴァ、イエスさま、バガヴァンシュリサティアサイババ、マーターアムリターナンダマイーデーヴィー、そして、あらゆるものの内に輝き、遍在する、無限の知性と愛と創造力にハートからの感謝と愛を捧げます。

参考文献・引用文献

『スタンフォードの脳外科医が教わった人生の扉を開く最強のマジック』（プレジデント社）
ジェームズ・ドゥティ（著）、関美和（翻訳）
『ザ・パワー・オブ・ザ・ハート　人生の本当の目的を探して』（角川書店）
バプティスト・デ・パペ（著）、山川紘矢、山川亜希子（翻訳）
『イスラム聖者――奇跡・予言・癒しの世界』（講談社現代新書）
私市正年（著）
『ハートの聖なる空間へ』（ナチュラルスピリット）
ドランヴァロ・メルキゼデク（著）、鈴木真佐子（翻訳）
『不滅の意識――ラマナ・マハルシとの会話』（ナチュラルスピリット）
ポール・ブラントン、ムナガラ・ヴェンカタラミア（著）、柳田侃（翻訳）

［著者プロフィール］

加藤シャンティ徳子　Noriko shanthi Kato

ハートが望む人生を生きるためのハートリビングコンサルタント
ハートと意識とスピリチュアリティの専門家

東京都生まれ、岐阜県関市出身。幼少の頃より、「森羅万象の背後にはどのような法則があるのか」「人が幸せになるためにはどうしたらいいのか」「あらゆるものが幸せに暮らすにはどうしたらいいのか」といったことに関心を持ち、この世界の真実や真理を求めて探求を始め、日本、インド、カナダ、アメリカ等世界各地で様々な教師に学び、自己探求とスピリチュアリティや意識についての研究・実践を重ねる。

一方で東洋大学、早稲田大学にて心理学、東洋哲学、宗教を学ぶ傍らカウンセリング、コーチング、催眠療法等のこころを扱う技術を学び、在学中にヒプノセラピスト・カウンセラーとしての活動を開始。また、人の幸せと健康に役立つ智恵を求め、アーユルヴェーダ等の東洋医学、ホメオパシー、植物療法等の補完代替療法を学び、実践。

その活動と並行して、オーガニックカフェ経営、経営コンサルティング会社での商品開発等の様々な職を経験。私生活では、DV による大きなケガやうつ、親しい友人や家族の病気、経済的困窮、家や所持品を失うなどの様々な困難や悲しみを経験。その経験を通じてたくさんのギフト（恩寵や祝福）や気づき、洞察を得る。現在、多彩な経験と 40 年以上にわたる探求と研究を通じて得た、気づきや洞察や智恵を分かち合い、「自分自身を知り、ハートの力を目覚めさせて、ハートで生きる」ことで、「自分自身のハートが本当に望んでいる、喜びと幸福感に満ちた豊かな人生」を生きるための個人セッションやセミナー、大自然の中でのリトリート等を主催している。

幼少の頃から人の話を聞き続けており、これまで話を聞いてきた人の数は 1 万人を超える。セッション内容はビジネスや経営に関する問題から、病気や健康に関する問題、人間関係やコミュニケーションの問題、結婚や転居、子育てや介護、経済的問題などの人生における諸問題、スピリチュアルなトピックまで多岐にわたり、ご縁のある方々がハートに従って、喜びとともに、幸福感と豊かさあふれる本当の自分自身の人生を生きられるよう励まし続けている。また、「あらゆるいのちが大切にされ輝く場所を」という思いから、岐阜県の山村にて自然栽培の農園と茶園を運営すべく準備中。

〈公式ウェブサイト〉 http://shanthi.jp

ブックデザイン／小口翔平＋岩永香穂＋三沢稜（tobufune）
DTP ／山口良二

現実は脳ではなくハートでつくる

2019 年 10 月 25 日　初版発行
2019 年 11 月 7 日　２刷発行

著　者　加藤シャンティ徳子
発行者　太田　宏
発行所　フォレスト出版株式会社
〒 162-0824　東京都新宿区揚場町 2-18　白宝ビル 5F
電話　03-5229-5750（営業）
03-5229-5757（編集）
URL　http://www.forestpub.co.jp
印刷・製本　日経印刷株式会社

ISBN978-4-86680-057-8　Printed in Japan

世界で何百万もの人々が学ぶ
20世紀最大のスピリチュアルの名著が、
最もわかりやすい！

『今まででいちばんやさしい「奇跡のコース」』
『続 今まででいちばんやさしい「奇跡のコース」』

たとえ話やエピソードが豊富！

アラン・コーエン 著
積田美也子 訳

各定価 本体1700円 +税

日常的な具体例が豊富に挿入され、すごく整理されていて、ACIMがとてもシンプルな学びだったこと、難しくしていたのは、私自身だったんだと、思い出させてくれます。長年ACIMに取り組んでいて、ちょっとぐちゃぐちゃになってしまっている人も原点に帰ることができると思います。（経営者 50代 女性）

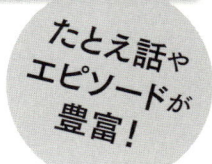

ありのままの自分で思いきり生きる！
いつだってニューヨーカーが
輝いてる理由。

『マンハッタン・ミラクル！
人生に奇跡を起こすニューヨークの秘密』

香咲弥須子著

定価 本体1400円 ＋税

鮮やかな色彩を放つ、魅力的なニューヨーカーたちの物語！

「すぐ近所でいつも何かが起きている。素晴らしいことが動いている。劇場、コンサートホール、講堂はいつも人でいっぱい。新しいものでいっぱい。だからね、いちいちあちこちに出かけなくていいんだよ。ここに住んでるだけで、全部受け取っているようなものだから」——本文より